Für Jan, der über seinen Schatten springt und mit mir
Pferde stehlen geht.

„You only live once. travel the world, laugh, love, eat
different food. Experience in what we take in the end."

Unbekannter Autor, Valparaiso, Chile, September 2018

4 Blicke auf Amerika

Ein Reisebericht

Bibliografische Information der Deutschen
Nationalbibliothek:
Die Deutsche Nationalbibliothek verzeichnet diese
Publikation in der Deutschen Nationalbibliografie; detaillierte
bibliografische Daten sind im Internet über
http://dnb.dnb.de abrufbar.

© 2020 Vera Geier

Herstellung und Verlag: BoD – Books on Demand,
Norderstedt

ISBN: 978-3-7519-2185-5

WENIGE WORTE VORWEG

4 Jahre sind vergangen, in denen wir Zeit und Geld angespart haben, unser Ziel, alle Hürden dafür zu überwinden, fest im Blick. Von Ende Juli 2014 bis Mitte Februar 2015 waren wir schon einmal auf Familien-Weltreise. Unsere Kinder waren bei der Rückkehr 15 und 6 Jahre alt. Nach dieser Reise war uns allen klar, dass wir noch einmal gemeinsam für längere Zeit unterwegs sein möchten – wir waren infiziert, süchtig nach gemeinsamer Zeit, danach, uns treiben zu lassen, Menschen und Orte zu entdecken. Und so sind wir letztes Jahr, nach der Abiturprüfung unserer Tochter, noch einmal zu viert losgezogen, als Wiederholungstäter mit viel Zuversicht, dass uns wieder eine wunderbare Zeit bevorsteht.

Unsere Traumziele lagen in Süd-, Mittel,- und Nordamerika. Trotzdem hatten wir auch diesmal einige Herausforderungen: Die richtige Route auswählen, ein verträgliches Klima unterwegs und die Vermeidung von unnötigen Belastungen, z.B. durch den Aufenthalt in extremen Höhenlagen der Anden. Und natürlich war die Schulbefreiung wieder ein Thema, denn wir konnten nicht davon ausgehen, dass die Grundschule unseren Sohn in der 4. Klasse genauso pragmatisch freistellt, wie das Gymnasium unsere Tochter während der ersten Reise. Es waren zwei sehr persönliche und ehrliche Gespräche mit der Schulleitung nötig, um zu begründen, warum diese Reisen für uns so wichtig waren. Erst als wir die Befreiung in der Tasche hatten, haben wir die Tickets gekauft, denn ohne die Freistellung hätten wir die Reise nicht angetreten. Allerdings, je länger wir warten mussten, desto mehr gab es die Sorge, dass die Tickets immer teurer wurden (was aber letztlich nicht eingetreten ist, weil wir mit der Planung rechtzeitig begonnen hatten). Wieder in der Heimat beunruhigte mich, dass die wunderbaren Erlebnisse in Vergessenheit geraten könnten, und so bin ich froh, fast täglich alles aufgeschrieben zu haben.

VON DER BESONDERHEIT AUSZUSTEIGEN

Aus unserer Sicht ist die Möglichkeit, sehr viele intensive Erlebnisse als Familie und innerhalb der Familie zu erleben, von unschätzbarem Wert. Wir alle sind reicher um Erfahrungen und einen neuen Blick auf die Welt und andere Kulturen. Heute wissen wir sehr zu schätzen, wie privilegiert wir eigentlich sind. Wir haben Essen, ein Dach über dem Kopf und eine exzellente medizinische Versorgung. Uns ist Werteorientierung sehr wichtig, unsere Kinder sollen zu reflektierten, weltoffenen Menschen heranwachsen können, d.h. auch, sich eine eigenständige Meinung bilden, dazu stehen und mit dabei anpacken, Dinge zu verändern. Die Reisen waren für uns eher Forschungsreisen als klassische Urlaubsreisen, in denen jeder/jede von uns immer wieder an seine Grenzen kam, so z.b. bei der Überquerung der Anden oder beim Schnorcheln mit Haien im Pazifik. Bemerkenswert und besonders waren aber immer die Begegnungen mit Menschen, meist unsere Gastgeber oder einfach nur Menschen auf der Straße. In Costa Rica durften wir einige Schulen besuchen, für die wir dann Spenden organisiert haben, als wir wieder daheim waren. Einige Kontakte bestehen auch heute noch und das ist das Schönste. Während der Reisen gab es auch keinen besonders schwierigen Moment, sondern eher die kontinuierliche Auseinandersetzung mit der Verantwortung, z.b. braucht es etwas Mut, mutterseelenallein mit dem Auto auf 4800 m stundenlang über die Anden zu rumpeln. Selbst wenn wir es dann doch gewagt haben, blieb bei uns Eltern immer die Verantwortung für die Kinder. In dieser konkreten Situation hatten wir Angst, vielleicht zu viel gewagt zu haben. Auch wenn der Straßenverkehr in Deutschland für Kinder vielleicht ähnlich risikoreich ist, erleben wir das nicht so intensiv wie in einer unbekannten Welt, in einer fremden Kultur und mit ungewöhnlichen Transportmitteln.

„PANAMERICANA LIGHT"

Unsere Route führte über Madrid nach Costa Rica/San Jose, weiter über El Salvador nach Quito/Ecuador und zu unserem Traumziel, den Galapagos Inseln. Von dort ging es Richtung Süden nach Santiago de Chile du dann wieder nordwärts, mit dem Auto in die Atacama Wüste und über die Anden bis nach Argentinien und wieder zurück nach Santiago. Den Schlusspunkt bildete ein Roadtrip von Los Angeles bis San Francisco, von wo aus wir dann weiter bis nach Utah und Arizona gefahren sind.

FAMILIÄRE EIGENSCHAFTEN, DIE HELFEN

Besonders wichtig ist gegenseitiges Vertrauen und Wertschätzung bei der Reiseplanung. Wir haben in der Vorbereitung unsere Aufgaben nach Leidenschaft klar verteilt und genossen, was der/die andere organisiert hat. Z.B. habe ich beide Reisen geplant und mich um die Unterkünfte und Aufenthaltsorte gekümmert. Jan dagegen war unser „Ausrüstungswart", er hatte großen Spaß, sich um unsere Reiseausrüstung zu kümmern. Wir haben uns wenig reingeredet, sondern einfach angenommen, was der andere organisiert hat. Natürlich haben wir uns auch über die Pläne ausgetauscht, aber wir haben uns dabei praktisch nie ausgebremst. So hatten wir kaum Konflikte im Rahmen der Planung. Wir wurden in den letzten Jahren immer wieder gefragt, wie wir uns das alles leisten könnten und ob es keine Hindernisse gäbe, die uns aufhalten würden. Die Antwort auf solche Fragen ist immer sehr individuell und eine Frage der eigenen Prioritäten und Lebenswünsche. Ich fand es immer schwierig von anderen zu hören, dass sie sich das nie leisten könnten, stattdessen aber regelmäßig kürzere Fernreisen machen oder sich andere teure Luxusgüter leisten. Und ja, die eigenen Karriere-Ambitionen sind sicher dabei auch zu hinterfragen, denn natürlich würde ich bestimmte Positionen in meinem Unternehmen heute nicht mehr anstreben, ganz einfach um mir die lieb gewonnene Freiheit zu erhalten, die ich für meine Lebensträume benötige. Es ist also immer die Frage, welche Ziele man sich selbst im Leben setzt und was dabei wirklich wichtig ist. Wir haben Menschen auf unseren Reisen getroffen, die einfach ihren Job gekündigt haben, um ihren Traum zu realisieren und das hat uns sehr beeindruckt.

GUTE PLANUNG SCHAFFT SICHERHEIT

Um sich sicher und wohl zu fühlen, sollte man ein Familien-Abenteuer gut planen und individuelle Bedürfnisse berücksichtigen. Wenn ein Land gesundheitliche oder politische Gefahren birgt, würde ich es mit Familie nicht bereisen – zumindest nicht so, wie wir gereist sind (meist mit eigenem Auto). Wir lieben Chile und sind schockiert über die aktuellen Unruhen in Santiago de Chile, denn vor genau einem Jahr waren wir dort unterwegs. Auch sollte man sich über mögliche Gefahren gut informieren, nicht nur auf den Internetseiten des Auswärtigen Amtes, sondern auch im Hinblick auf mögliche Naturkatastrophen. Wir sind während unserer Reisen fast durchgehend auf dem zirkumpazifischen Feuerring unterwegs gewesen. Und so habe ich bereits während der ersten Reise ständig mit Erdbeben gerechnet, doch kein einziges haben wir 2014/15 erlebt. Letztes Jahr (2018) dagegen schien es, als würde die Erde nie zur Ruhe kommen. In Costa Rica erlebten wir ein Erdbeben der Stärke 6.4 auf der Richterskala und auch in Chile gab es einige deutlich spürbare Beben. Das ging so weit, dass wir uns irgendwann schon fast daran gewöhnt hatten.

VÖLLIG UNGEPLANTE HIGHLIGHTS

Die Auswanderungsgeschichte der Familie Wittmer auf Floreana, eine der weniger besuchten, aber dennoch bewohnten Inseln auf Galapagos, hat uns besonders fasziniert. In den frühen 30er Jahren ist das frisch vermählte Ehepaar Wittmer unter großen Gefahren von Berlin nach Floreana gereist, wo sie erst in einer verlassenen Piratenhöhle lebten und dann als erste Siedler der kleinen Insel sesshaft wurden. Im Laufe der ersten Jahre kamen noch andere verrückte Aussteiger aus Deutschland auf die Insel, es gab mysteriöse Todesfälle, und vieles ist bis heute im Unklaren geblieben. Margret Wittmer hat Tagebuch geschrieben und alles dokumentiert in ihrem Buch

„Postlagernd Floreana". Wir haben zusammen mit einem Ehepaar aus Italien einige Tage im Haus der Enkelin auf Floreana verbracht, so konnten wir viele der im Buch beschriebenen Plätze besuchen und uns hineinversetzen, wie es war, auf einer kleinen vulkanischen Insel mitten im Pazifik, abseits der Zivilisation zu leben.

Doch davon später mehr, denn was wir erlebt, wie es uns ergangen ist und welche Blicke wir auf den Kontinent Amerika werfen durften, möchten wir hier erzählen.

DER COUNTDOWN LÄUFT - NOCH 3 WOCHEN

So schnell rast die Zeit. In Reisestimmung kommen wir erst nach einem Besuch bei einer befreundeten Familie, die uns von ihrer 3-monatigen Reise kreuz und quer über den Erdball erzählt. Wir hatten sie zu dieser Reise angestiftet und als Nele, Mark, Berit und Jette dann mit leuchtenden Augen von ihren Erlebnissen berichten, wird uns plötzlich bewusst, dass unser nächstes Abenteuer so kurz bevorsteht. Zeitlich wird es etwas eng, was die Vorbereitungen angeht, denn übermäßig geplant habe ich diesmal nicht - schließlich sind wir jetzt schon Wiederholungstäter! Trotzdem kommt langsam ein Gefühl von Nervosität auf. „Hauptsache es steht alles auf meiner Liste", denke ich und baue auf die letzten 2 Wochen, die ich ausschließlich zur Vorbereitung nutzen will, um die Liste abzuarbeiten.

Ziele für diese Reise und Lernerfahrungen von der letzten Reise: Noch weniger Gepäck, insbesondere weniger Medikamente, noch weniger Kleidung (damit man sich auch mal etwas vor Ort kaufen kann), Gummistiefel – denn die von uns zu besuchende Osa-Halbinsel von Costa Rica verfügt weltweit über die höchste Schlangendichte. Jans Gummistiefel stehen schon im Flur. Ich selbst weiß wirklich nicht, ob ich mein ohnehin schon knappes Gepäckkontingent damit belasten soll. Aber Jan behauptet, dass die Lanzenotter (bothrops asper) bei Bedarf die Störenfriede sogar verfolgt, ein völlig untypisches Verhalten für Schlangen! Dann fällt mir dazu der Kinofilm "Unsere Erde 2" ein, bei dem die gerade geschlüpften, noch fast bewegungsunfähigen schwarzen Leguane am Strand der Galapagos-Inseln von Galapagos-Schlangen gejagt werden. Kommentiert von Günter Jauch erntete der Filme kontroverse Kritiken, dennoch sind die Tierszenen spektakulär, und wenn man hunderte von grazilen Schlangen Jagd auf süße kleine, frisch geschlüpfte Leguane machen sieht, fällt die für Tierdokus nicht wirklich geeignete Stimme von Günter nicht weiter ins Gewicht. Jan hat diesen Film noch nicht gesehen und Mika und ich verpflichten uns zu Stillschweigen. Ein Paar Gummistiefel in Größe 49 im Gepäck sind einfach genug!

Am Verlauf der Amazon Suchanfragen erkenne ich, dass wohl nicht jeder Gummistiefel den Ansprüchen gerecht wird, denn biss- und rutschfest soll er sein. Es freut mich, dass Jan seine angestammte Rolle als Ausrüstungswart sehr ernst nimmt. Was treibt uns noch um in diesen Tagen vor der Reise? Und wie sieht eigentlich die Route aus?

Am 29.7. geht es frühmorgens los, über Madrid nach San José, der Hauptstadt von Costa Rica. Dort verbringen Jan, Mika und ich 3 Wochen mit einer Rundreise, die uns auch auf die besagte Schlangen-Halbinsel führen wird. Am 20.8. fliegen wir weiter nach Quito, der 2800 m hoch gelegenen Hauptstadt von Ecuador, dessen Altstadt Weltkulturerbe ist. Dann werden wir endlich auch alle wieder beisammen sein, denn Nele fliegt von Frankfurt aus über Dallas am gleichen Tag ebenfalls nach Quito. Derzeit feiert sie in Kroatien noch den erfolgreichen Schulabschluss. Die Trennung für 6 Wochen ist uns nicht leichtgefallen. Mika ist traurig, seine Schwester so lange nicht zu sehen, und auch für uns ist das völlig ungewohnt. Neben den Sorgen „hoffentlich geht alles gut", fehlt sie uns einfach sehr. Wir versuchen in den 3 Wochen vor der Abreise so oft wie möglich Freunde zu treffen. Und jetzt frage ich mich, ob man sich für 3-6 Monate von der gewohnten Welt verabschieden muss, um sich zu einem Glas Wein oder zum Grillen zu verabreden! Am Sonntag beim Grillen im Flux'schen Schrebergarten wurden wir begrüßt mit den Worten: „das finde ich ja lustig, dass ihr 3 jetzt mit dem kleinen Fiat Panda unterwegs seid". „Nein, lieber André, unser "richtiges" Auto vertreibt sich gerade die wohlverdiente Urlaubszeit in Südeuropa, gelenkt von einer 18-jährigen und flankiert von 2 aufmerksamen Mitfahrerinnen, um die noch wenig erfahrene Fahranfängerin zu unterstützen. „Die, die hinten sitzt quatscht nicht rein, die Beifahrerin macht den Co-Pilot" – klare Regelungen und Teamwork von Anfang an. Wir sind beeindruckt und hoffen, dass die Rechnung ohne Schaden aufgeht.

Wie geht es weiter? Am 24.8. fliegen wir auf die Galapagos-Inseln. Auch wenn wir uns gegen die teure Kreuzfahrt dort entschieden haben, hoffen wir, auf den 3 Inseln, die wir besuchen werden, so einiges zu sehen. Dann geht es am 4.9.

wieder zurück aufs Festland und am nächsten Tag weiter nach Santiago de Chile. Hier haben wir 30 Tage, die wir im Norden von Chile und Argentinien verbringen werden. Zurück in Santiago fliegen wir dann am 5.10. nach Los Angeles, USA – und dann werden wir schauen, wo es uns hin verschlägt. Zurückkehren werden wir am 3.11., denn Mika muss nach den Herbstferien gleich wieder in die Schule gehen. Gestern haben wir seine Schulmaterialien abgeholt, es gibt einiges zu tun während wir unterwegs sind...

VON SAN JOSÉ NACH MONTEVERDE 28.7.- 1.8.2018

Wir fragen uns, warum uns am Mannheimer Hauptbahnhof eine verzweifelte Frau nach einer Autofahrt zum Frankfurter Flughafen bittet. "Tut uns leid, wir fahren mit dem Zug, aber was ist eigentlich passiert", fragen wir. Sie hat keine Zeit für Erklärungen, doch der übervolle Bahnsteig verheißt nichts Gutes. "ICE 72 hat 180 Minuten Verspätung, wir bitten um Entschuldigung". Es sind ja nur Minuten, das hört sich doch gleich viel besser an als 3 Stunden. Wir gehören zu den glücklicheren Reisenden, denn unser Flug geht erst morgen früh, heute erwartet uns nur noch das MotelOne beim Flughafen Frankfurt. Für viele Urlaubsreisende aber, die ihren Flieger heute noch bekommen müssen, ist es der pure Stress. Ich habe Mitleid und versöhne mich gerne mit der am Ende nur 45-minütigen Verspätung unseres Zuges. Heute, am 28.7., kehren wir Deutschland für 3 Monate den Rücken – nachdem wir Jill, unserer "Housesitterin" alle Rechte und Pflichten übertragen haben.

Frühmorgens um 5 Uhr geht es dann endlich los, über Madrid nach San José, Costa Rica. Insgesamt sind wir 15 Stunden unterwegs. Brachial ist für Jan und mich der zutreffendste Ausdruck, wenn es um diese Form des Reisens geht. Wir empfinden die vielen Stunden im Flieger als Tortur, nicht nur, weil es eng und voll ist, sondern weil uns eine langsame, klimafreundliche Annäherung an unser Reiseziel eigentlich lieber ist. Mika arbeitet sich durchs Filmprogramm und gönnt sich keine Minute Schlaf. Irgendwann sind wir tatsächlich gelandet und freuen uns auf eine nachzuholende Nacht im Hotel La Sabana in San José, es ist eine Oase der Ruhe. Mika schläft sofort ein, es ist 5 Uhr am Nachmittag. Der nächste Morgen beginnt für daher bereits um 3.30 Uhr, 3 Stunden vor dem ersten Frühstück. Letzteres verwöhnt uns mit dem allerbesten Kaffee, exotischem Obst und klassischen puertoricanischen Spezialitäten, Gallo Pinto (Reis mit Bohnen), Ei mit Blumenkohl und gebackene Platanes (eine Backbanane, die angebraten als Süßspeise zubereitet wird). Beim Frühstück sind wir nicht allein! Kolibris umschwirren den wunderschönen exotischen Innenhof des Hotels mitten in San José.

Um 9 Uhr treffen wir den Mitarbeiter von "Wild Rider" im Hotel, der uns unseren Allrad-Mietwagen übergibt und uns mit vielen wertvollen Tipps versorgt. Und dann geht es los: "rechts rum müsste viel kürzer sein", also probieren wir es aus, entgegen der Empfehlung von Wild Rider, und verfahren uns prompt in den Straßen der Hauptstadt. Jetzt noch einkaufen und dann schnell auf die "Autobahn" in nordwestlicher Richtung. "Sind die Menschen hier arm!" Stellt Mika ernüchtert fest. Er hatte sich Costa Rica aus unerklärlichen Gründen sehr reich vorgestellt. Aber es gibt viele einfache Wellblechbehausungen, einiges erinnert uns an Tonga, dass wir während unserer letzten Reise besucht haben. Besonders krass sind die sind die sogenannten "gated communities", direkt neben herunter-gekommenen Armenvierteln. Die Supermarktparkplätze der Reichen werden mit Argusaugen von eigens dafür eingestellten Wachleuten bewacht und auch wir fühlen uns privilegiert und sind gleichzeitig beschämt, wenn wir uns unseren eigenen Luxus vor Augen führen. Klar, wir reisen sehr einfach, aber wir können es uns leisten 3 Monate die Seele baumeln zu lassen um fremde Länder, Tiere und Kulturen anzuschauen. Trotz, oder gerade wegen der Gegensätze fühle ich mich gleich nach den ersten paar Metern Fahrt durch Costa Rica magisch angezogen von Süd- bzw. Zentralamerika. Ich liebe die freundliche Zurückhaltung der Menschen und die Aufgeschlossenheit, wenn man mit Ihnen in Kontakt kommt. Man braucht wenig zum glücklich sein, pura vida ist allgegenwärtig. Unser erstes Ziel in Costa Rica ist der Nebelwald im Nordwesten des Landes. Beth Quinn, eine Kanadierin, die mit einem Costa-Ricaner verheiratet ist, erwartet uns schon – mit einem Bananen-Kuchen und einem

Koffer voll Lego für Mika. Wir beziehen ein kleines, gemütliches Holzhaus auf ihrem Grundstück, dass mitten im Wald steht. Um uns herum Schmetterlinge und hoffentlich auch bald ein Faultier oder ein Puma (der hat allerdings gerade den Nachbarshund gefressen und sollte sich laut Beth besser nicht so schnell wieder blicken lassen.) Obwohl wir noch nicht im Nationalpark sind, gibt es auch hier unten schon einiges zu sehen. Große bunte Schmetterlinge flattern um unsere Behausung herum. Hier ticken die Uhren anders, bedingt durch die Regenzeit und die Jahreszeit. Da es gegen 6 Uhr abends bereits dunkel wird, bricht man frühmorgens um 7 Uhr auf zu den Beobachtungsgebieten im Nationalpark. Spätestens nachmittags um 15 Uhr setzt in der Regel der Regen ein, aber bis dahin kann man bei angenehmen Temperaturen vieles erleben – ohne großen Touristenandrang. Dann sitzen wir in unserer gemütlichen Hütte, essen Bananenbrot und lauschen dem stetigen Regengeprassel. Costa Rica zur Regenzeit? Unbedingt! Am nächsten Morgen geht es direkt auf den Weg in das Nebelwaldgebiet von Santa Elena. Nicht ohne einen Zwischenstopp in der Schule einzulegen, wo Jan aufgefordert wird, dem Unterricht beizuwohnen. Als interessierter Austauschlehrer sozusagen! Die Straßen hier oben im Gebiet von Monteverde sind in einem katastrophalen Zustand. Zwar haben wir einen n Allradwagen, jedoch ist es oft so steil, dass man sich im ersten Gang die Schotterpiste hochquälen darf. Nichtsdestotrotz gibt es schon so viele Eindrücke auf dem Weg in den Nationalpark, die wir nicht missen möchten. Unser kleiner "Bigo" macht gleich am ersten Tag reifenschlapp – und das bei angepasster Fahrweise!

Heute, am 1.8.2018, fahren wir mit Ersatzreifen und Manolo (Der Mann unserer Vermieterin) in ein weiteres Schutzgebiet. Manolo ist Naturführer, er ist hier aufgewachsen und kennt sich bestens aus mit der der Fauna und Flora des Nebelwaldes. Um Punkt 7 Uhr morgens treffen wir uns, um als erstes einen "Gomista" aufzusuchen, der für umgerechnet 3 Euro unseren Reifen flickt. Wir kennen das schon aus Chile. Eine Reifenpanne gehört hier zum Alltag, nur den richtigen Wagenheber sollte „Mann" dabeihaben. Unser Mietwagen ist diesbezüglich leider schlecht ausgestattet und wir müssen uns mit selbst gebauten Stützeinrichtungen aus

Naturmaterialien behelfen. Immerhin hat Jan, nach erfolgreichem Reifenwechsel auf dem Nationalpark-Parkplatz ein bewunderndes "Pura Vida" vom Nationalparkhüter zu hören bekommen. Das ist ja so etwas wie ein Ritterschlag für einen Touristen.

"Stop, there is a sloth (Faultier)", ruft Beth, als sie uns zur Reifenreparatur begleitet. Und tatsächlich, nur wenige 100 m von unserem Haus entfernt hängt ein Faultier mit seinem Baby im Baum. Es zeig uns sogar sein Gesicht, was bei Faultieren eine Seltenheit ist. Meistens kugeln sie sich irgendwo ein und man sieht nur ein Büschel Haare. Es ist ein Zwei-Zehen-Faultier, das sich von uns nicht stören lässt. Das Baby liegt genüsslich auf dem Bauch der Mutter. Später führt uns Manolo durch den Curi Cancha Park, der uns ein Stück des Artenreichtums der Costa-ricanischen Nebelwälder vor Augen führt. Es gibt grandiose Würgefeigen, das sind Ficus-Gewächse, die einen Baum von oben nach unten bewachsen. Irgendwann hat die Würgefeige den Baum verdrängt, er stirbt ab und an manchen Stellen kann man sich in den Baum stellen und die Aussicht in das Baumkronendach genießen. In diesen Bäumen wohnen auch Klammeraffen, die sich von Baum zu Baum hangeln. Wir hören sie erst, dann sehen wir, wie sich ein ganzer Tross über uns eine lautstarke Familienfehde liefert. Das am meisten gesuchte Tier hier in Monteverde ist und bleibt aber der Quetzal, der Vogel der Inkas. Für sie hatte der Vogel einen gottähnlichen Status. Wenn die Tiere fliegen, bewegen sich ihre prächtigen Federn in der Luft wie eine Schlange. Dieser Umstand hat dazu beigetragen, dass die Vögel bis heute verehrt werden und einen besonderen Status genießen. Und wer diese langen Schwanzfedern besaß, war ein einflussreicher Priester in präkolumbischer Zeit. Uns scheint, dass das Hauptaugenmerk von Manolo und den anderen Guides im Park genau deshalb diesem Vogel gilt, und ja, wir haben ihn gefunden – auch wenn das in der Regenzeit eher schwierig ist, denn die langen grünen Schwanzfedern fehlen, sie wachsen den Tieren nur zur Balzzeit. Wunderschön ist auch der farbenfrohe Mot-Mot, ein in Costa Rica häufig anzutreffender Vogel. Nach 3 Stunden auf der Pirsch mit einheimischen Ornithologen werden wir von Beth noch in ihre Schule eingeladen. Sie wurde von den Quäkern gegründet, die 1952 das Land in

Monteverde erwarben, um darauf Landwirtschaft und eine Molkerei zu betreiben. Heute bewirtschaften die Quäker das Naturreservat von Monteverde, wozu auch das Gebiet Curi Cancha gehört. Als Mika die Preschool betritt, fällt ihm gleich das Montessori-Material auf. Aber zum Glück sind noch Ferien und er muss nicht hierbleiben. Wir hatten uns schon gedanklich darauf eingestellt, ein deutsches Lied zum Besten geben zu müssen, aber das blieb uns dann doch erspart...Morgen verlassen wir Beth und Manolo bereits wieder. Sie haben mit ihrer unglaublichen Gastfreundschaft, der Tour in den Nebelwald, dem Lego-Koffer (für Mika zum Spielen), dem Bananenkuchen und den (selbstgebauten) Maistortillas viel dazu beigetragen, uns in der Fremde einzuleben.

VULKAN UND SCHOKOLADE 2.-4.8.2018

Es tut uns ein wenig leid, das kleine Holzhaus bei Beth und Manolo schon verlassen zu müssen. Aber wir wollen weiter zum Vulkan Arenal und in den Regenwald des gleichnamigen Nationalparks. 40 km sind es von Santa Elena nach Tilaran, eine 2-stündige Tour im Schneckentempo und kreuz und quer den Schlaglöchern der Schotterpiste ausweichend. Einmal setzen wir auf, doch diesmal lässt uns der Karren nicht im Stich. Die Fahrt durch die Hügel von Monteverde führt uns ein weiteres Mal vor Augen, in welchem Luxus wir in Deutschland leben. Oft sind wir nicht sicher, ist es eine Behausung für Menschen, oder doch nur der Rinderstall? Ab Tilaran endlich Asphalt unter den Rädern! Nun geht es weitere 2 Stunden etwas zügiger voran, immer entlang des Arenal-Stausees. Der Stausee mit Staumauer liegt bedenklich nah am Vulkan Arenal, der 2010 das letzte Mal Feuer gespuckt hat. Viele Touristen nutzen diese Strecke zwischen den beiden Hauptattraktionen Arenal und Monteverde, es locken Schilder zu Schlemmerstopps. Auch wir gönnen uns einen Kaffee mit Seeblick, zu mehr können wir uns mit Blick auf die Reisekasse nicht hinreißen lassen. Costa Rica ist teuer.

Düster ziehen die Wolken über den Himmel, und je mehr wir uns der 15 Uhr Nachmittagszeit nähern, desto bedrohlicher erscheint der Himmel. Inzwischen schüttet es wie aus Eimern, Regen prasselt auf die Wellblechdächer der einfachen Behausungen und wir peitschen unseren Bego durch die gerade entstehenden Furten. Am schönsten ist die Landschaft, als wir den Stausee hinter uns lassen und uns die üppige Vegetation des costa-ricanischen Regenwaldes umschließt. Wir sind nahe am Vulkan, aber wir können ihn, dicht eingehüllt in Regenwolken, einfach nicht sehen. Nachdem wir La Fortuna, den Hauptort des Vulkan-Tourismus links liegen gelassen haben, kommt die Vulcano Gold Loft ins Blickfeld – ein Haus umgeben von tropischem Regenwald. Alles macht hier einen sehr exklusiven Eindruck und wir fürchten, am falschen Ort zu sein. So anders ist diese neue Unterkunft im Vergleich zu den Vortagen. Am nächsten Morgen fahren wir so früh wie möglich zum Rio La Fortuna, mit seinem Wasserfall, der inmitten des saftig grünen Regenwaldes hunderte Meter in die Tiefe stürzt. Über 500 Treppenstufen geht es nach unten an den Fluss und die gleiche Anzahl wieder hinauf. Oben angekommen verschnaufen wir im Orchideengarten, die Luftfeuchtigkeit ist bestimmt 110% und wir sind völlig fertig - dabei sollte dieser Ausflug nur zum Aufwärmen gedacht sein, um anschließend eine Wanderung durch die Landschaft des Vulkan-Nationalparks anzutreten. Der Anblick des Vulkans Arenal ist atemberaubend! Er hat eine klassische Kontur, dabei ist er sozusagen noch ein Baby unter den Vulkanen. Mir bleibt die Luft weg, als ich ihn das erste Mal vor mit liegen sehe, flankiert vom üppigen Pflanzenwuchs des tropischen Regenwaldes. Während der 2-3 stündigen Wanderung durch die Lavafelder der Eruption von 1968 bleiben wir ehrfurchtsvoll in der Mitte des Weges, denn hier leben 25 verschiedene Schlangenarten. Wir sehen viele Blattschneiderameisen, die Tiere schleppen beeindruckende Lasten mit sich herum, blind, lediglich gesteuert durch Pheromone, die ihnen den Weg zum Ameisenbau weisen. Na ja, die ein oder andere Versprengte haben wir auch entdeckt und entsprechend bemitleidet. Am Beginn des Weges kreuzt etwas handtellergroßes unseren Weg. Erst halten wir es für eine Fledermaus. Aber es ist ein wunderschöner großer blauer Morphos-Schmetterling. Das sind diese bemitleidenswerten Kreaturen, die in den 70er Jahren aufgespießt ihren Weg in viele deutsche Wohnzimmer fanden (später am Tag finden wir sie als Souvenir in einem

Touristenshop). Die Tier- und Pflanzenwelt in diesem Gebiet ist wirklich beeindruckend. Aber der "Allerweltsvogel" ist in Costa Rica immer noch der Kolibri, man sieht ihn überall – und wir können uns nicht davon losreißen, diesen Vogel bei der Futtersuche zu beobachten.

Heute ist der Tag der Nutzpflanzen. Das feuchtwarme Klima macht uns zu schaffen, im Gegensatz zu den vielen leckeren Nutzpflanzen, die hier prima gedeihen. Allen voran die Kakaobohne, die bei regelmäßigen Regenschauern geradezu aufblüht. Unsere Unterkunft bezieht seine Naturalien von der hauseigenen Farm, und so entschließen wir uns zu einer morgendlichen Führung mit anschließendem Mittagessen, der frisch geernteten Produkte. Luis nimmt sich sehr viel Zeit und lässt uns alles frisch von Acker probieren. Nachmittags, nach einer kleinen Verdauungspause mit Fröschen im Pool, fahren wir zu Don Olivo, es folgt eine "Chocolate Tour", inklusive Verkostung. Bereits auf dem Parkplatz der Farm werden wir mit allen möglichen Früchten gemästet. Köstlich! Ananas, Papaya, Litschi, Zuckerrohr und – mein Favorit – der sogenannte „Sauersack". So heißt er auch in Englisch. Auch wenn der Name, ebenso wie das Aussehen, abschreckend wirkt, handelt es sich beim Sauersack um eine äußerst erfrischende Frucht. Wir probieren Kaffee- und Kakaobohnen in allen möglichen Reifestadien, lassen uns die Verarbeitungsweise erklären und bekommen ganz zum Abschluss der Führung selbst hergestellte Schokolade und Kakao angeboten. An diesem einen Tag habe ich wahrscheinlich mehr gelernt als in einem Semester Nutzpflanzenkunde an der Uni. Ein kulinarischer Tag geht zu Ende, die Hühner sitzen schon im Baum und der Gewitterregen prasselt so laut auf das Wellblechdach, dass wir unser eigenes Wort nicht mehr verstehen.

DIE BIG FIVE VON COSTA RICA, 5.-8.8.2018

Weiter geht es vom Vulkan Arenal in ein weniger bekanntes Naturschutzgebiet, gelegen am noch aktiven Vulkan hier im Norden von Costa Rica, dem Rincon de la Vieja (der versteckte Winkel der Alten). Wir übernachten für 3 Nächte in der Finca La Anita, zusammen mit einem Trupp High-

School Schülern und ihren Lehrern aus Kalifornien. Die rustikalen Holzhütten sind über das Gelände verteilt und wunderbar in die Natur eingebettet. Wie immer wecken uns die Geräusche des Regenwaldes morgens um 5, so dass uns spätestens um 20 Uhr abends die Augen zufallen. Unsere Anreise haben wir uns mit einem „Abstecher" in das an der nicaraguanischen Grenze liegende "Cano Negro" versüßt, ein Feuchtgebiet, dass nur per Boot besichtigt werden kann. Wir wissen, die Zeit ist knapp, wenn wir bis um 18 Uhr zur Dämmerung in La Anita sein wollen. Autofahren bei Dunkelheit ist in Costa Rica unter allen Umständen zu vermeiden. Die beschwerliche Anreise nach Cano Negro (insgesamt 3 h Schotterpiste) lohnt sich dennoch. Wir halten vor einem Privathaus der Kingfisher Lodge und versuchen unser Anliegen auf Spanisch vorzutragen. Innerhalb von 10 Minuten und einem Telefonat sitzen wir in einem kleinen Boot, gesteuert von „Esta es" (ich habe seinen Namen vergessen). „Esta es un Iguana ", wir sind beeindruckt, einen sehr großen Leguan in den Bäumen sitzen zu sehen. Sollten sich natürliche Feinde nähern, lassen sich die Tiere einfach ins Wasser fallen! Nummer 2 von Big Five (das Faultier haben wir ja schon gesehen), begleitet von einem Tukan, der sich in Costa Rica häufiger blicken lässt. Hier in der Lagune können wir viele schöne Vögel beobachten und unser Bootsführer wird nicht müde, sie uns zu zeigen. Seine Tour gleicht einer sehr gut inszenierten Choreografie: Nachdem er uns diverse Enten und Wasservögel zeigt, schwenkt er sein Boot in andere Gefilde. „esta es un Kaiman", sie werden 2 Meter lang und begutachten uns, als wären wir die Attraktion des Tages. Angeblich mögen sie uns nicht (essen), im Gegensatz zu den Krokodilen, die hier ebenfalls vorkommen. Ok, Big Five Nummer 3. Oh, er hat so schöne Augen!

Aber man sieht ihm, dem Guide, an, dass wir das furiose Finale noch vor uns haben. „Ich glaube, er zeigt uns noch eine Schildkröte", sind meine Worte zu Mika und Jan, als er das Boot ganz nah an einen Busch ans Ufer heranfährt. „Esta es um Boa Constrictor", wo? Direkt vor unserer Nase, wir könnten sie anfassen, denn sie hängt da einfach so rum, zusammengerollt im Busch und schläft. Aber irgendwie hat sie doch unsere Fährte aufgenommen. Plötzlich streckt sie den Kopf auf dem Schlangenkörpergewirr und züngelt uns misstrauisch an. Big Five Nummer 4! Auf Nummer 5 dürfen wir noch einen Tag warten. Nach einer Nacht in der Hütte von La Anita freuen wir uns auf einen gemütlichen Morgen, begleitet vom typisch costa-ricanischen Gericht, Bohnen und Reis oder Reis mit Bohnen und Kochbananen. Mittags unternehmen Mika und ich eine Reittour durch den Regenwald, während Jan sich mutig und alleine durch den Dschungel schlägt. Die Gummistiefel kommen zum Einsatz und das ist auch gut so, denn inzwischen wissen wir, dass die gefährliche Lanzenotter am liebsten im hohen Gras döst. Allerdings glaube ich, dass sie weniger gefährlich ist, als ihr Ruf. Vom Pferd aus hören wir plötzlich ein ohrenbetäubendes Gebrüll, mich erinnert es an einen Esel. Als wir näher kommen entdecken wir Big Five Nummer 5 hoch oben in den Bäumen: Der Brüllaffe. Er sieht sehr bedrohlich aus und erinnert stark an einen kletterbegeisterten Braunbären. Pura Vida – ein glücklicher kleiner Mann beim Essen nach dem ersten Ausritt seines Lebens mit Affensichtung. Noch auf dem Pferd erzählt er mir, dass er jetzt auch immer mit Nele zur Reitstunde möchte, "das kommt gut an bei den Mädchen ", kommentiere ich, danach fängt er an zu grübeln. Mein: "hier in Mittel/Südamerika reiten alle Männer" scheint dann noch wieder einiges gerade zu rücken.

Am Morgen des 7. August erleben wir unser erstes Tropengewitter – Medium – lässt unser Gastgeber verlauten. Wir finden es sehr bedrohlich, aber auch aufregend. Es gibt so viele Variationen von Regen hier in Costa Rica, trifft man ihn begleitet von einem Gewitter an, ist das wirklich sehr beeindruckend. Die Kraft von 10 Duschköpfen auf einmal prasselt auf unser kleines Dach und wir schreien uns nur noch an. Morgens um 5, kurz vorm Aufstehen, überlegen wir schon, wie wir es von unserer Hütte zum Auto schaffen sollen, das einige hundert Meter entfernt parkt. Gegen 7 wird es dann ruhiger und weniger nass. Das ist gut so, denn heute haben wir einen Wanderausflug zu den heißen Quellen im Rincon-Nationalpark geplant. Um 7:30 Uhr geht es los, gegen 9 sind wir an der Ranger-Station und treffen Freddy, der uns die nächsten 5 Stunden begleitet. Wir durchqueren Flüsse, die aufgrund des Regens gewaltig angeschwollen sind. Aber Freddy stapft beherzt durchs Wasser, und wir hinterher. Manchmal müssen wir uns an dünnen Drahtseilen durch die

Strömung hangeln, auf dem Rückweg rutsche ich aus und falle längs in den Fluss. Mir macht es nichts, denn Jan hatte die Kamera und wir hatten uns gerade ein Kräftemessen mit einem Trupp Kapuzineraffen geliefert. 2 der Tiere, wir vermuten es sind Teenager, postieren sich im Doppelpack über uns im Baum, bewerfen uns mit Blättern und verteidigen mit Drohgebärden ihr Revier. Wir hatten inständig gehofft, noch eine weitere Affenart anzutreffen, auf den letzten Metern der 5-ständigen Wanderung sind wir dann vollständig von ihnen umzingelt. Morgen geht es hinaus aus dem Regenwald, an die Pazifikküste. Wir möchten mal ausspannen und haben uns für einige Tage eine AirBNB Unterkunft am Meer gebucht, bevor es dann wieder auf Entdeckungsreise in den Dschungel geht.

ZWISCHENTÖNE, 9.8.2018

„Das sind zu viele Tierfotos", denke ich beim Lesen unseres Blogs und überlege zusammen mit Jan, was uns noch in diesem erstaunlich vielfältigen Land auffällt:

1. Man sollte kein Langschläfer sein. Bereits um 4:30 Uhr liefern sich die Hähne unten im Dorf einen 2 Stunden andauernden "ich bin der Stärkere"-Wettstreit. Wie das Hähne so machen. Auch wenn man es nicht sieht, es sind immer irgendwo menschliche Behausungen, die Hähne beherbergen. Kurz danach hört man dann die typischen Stimmen des Regenwaldes, da kann durchaus auch mal eine Ton- und Klanglage dabei sein, die einem amerikanischen Polizeiwagen lautstark Konkurrenz macht. Unterstützt wird das Konzert dann von Regengüssen unterschiedlicher Stärke. Ich glaube nicht, dass hier irgendjemand länger als bis 5:30 Uhr Schlaf findet.

2. Man benötigt eine Zusatzreisekasse für Ausflüge. Costa Rica ist vergleichsweise teuer, insbesondere wenn man Interesse hat an den vielfältigen „Adventure-Aktivitäten" oder die Nationalparks besuchen möchte. Um sich nicht auf dem riesigen Gelände der Parks zu verlaufen, sicher Flüsse zu überqueren und insbesondere interessante Tiere zu sehen, braucht man unbedingt die Unterstützung

englischsprechender Guides. Der Nationalpark kostet in der Regel zwischen 15-20 USD pro Person, hinzu kommen ca. 60-80 USD für den Guide. Auch wenn man auswärts essen möchte geht das schnell ins Geld.

3. Die Bevölkerung Costa Ricas lebt einfach und bescheiden, der Gegensatz zwischen arm und reich ist erschreckend. Ein geländegängiges Auto und ein Handy haben die meisten Familien, die Häuser jedoch, die wir auf unseren Touren durch das Land sehen, sind oft sehr einfache, dunkle Holzhütten mit Wellblechdächern. Da der Schulbesuch teuer ist und wir tagsüber immer noch viele Kinder sehen, vermuten wir, dass viele Kinder die Schule nicht besuchen. Die Schulen selbst sind meist eingezäunt mit Stacheldraht und erinnern eher an ein Hochsicherheitsgefängnis, als an eine Bildungseinrichtung.

4. Eine Entfernung von 100 km braucht schon Mal 4 Stunden Fahrtzeit. Selbst auf den Nationalstraßen geht es oft nur langsam voran und die Nebenstrecken führen über extrem holprige Wege, so dass eine Durchschnittsgeschwindigkeit von 15 km/h keine Übertreibung darstellt. Insbesondere die Anfahrtswege in die weniger frequentierten Nationalparks sind sehr schlecht. Auch sind die vielen Mopeds eine Herausforderung, denn sie sind oft schneller und könnten dich überholen, wenn du gerade einem Schlagloch ausweichst.

5. Die Menschen in Costa Rica sind offen und interessiert. Triffst du sie ein zweites Mal, gehörst du schon fast zur Familie. Wir wissen, warum wir unsere Zeit hier in Mittel/Südamerika verbringen – die zurückhaltende Freundlichkeit und die Leichtigkeit, mit der die Menschen hier durchs Leben gehen ist bewundernswert. Wir hätten davon gerne mehr bei uns zu Hause!

DER FRIEDLICHE OZEAN, 8.-11.8.2018

Es gibt so viele eindrucksvolle Erlebnisse in Costa Rica, heute ist es Tropengewitter Nummer 2, an der Westküste der Nicosia-Halbinsel. Wir sind am 8. August nach Samara an die Küste gefahren, um endlich auch mal das Meer zu sehen und in der Hoffnung, im pazifischen Ozean zu baden. Manchmal kann man nicht genau sagen, woran es liegt, aber Samara gefällt uns auf Anhieb überhaupt nicht - zu touristisch, trotz Nebensaison. Und ausgerechnet hier hatten wir 6 Tage geruhsamen Strandurlaub geplant! Unsere Unterkunft ist zwar sehr schön, und es gibt sogar einen Pool, den Mika mit Begeisterung in Beschlag nimmt. Die erste Nacht wird dennoch ein Debakel, denn der Nachbar in der Straße hinterm Haus macht einen gnadenlosen Radau, und wir machen kein Auge zu. Am nächsten Morgen sind wir so gerädert, dass keiner Lust hat zum Strand zu gehen. Wir würden am liebsten früher weiterreisen, hatten aber über AirBNB schon gebucht und bezahlt.

Ich ärgere mich auch, weil es – so schön die Anlage ist – keine Privatunterkunft ist. Schließlich gibt sich Jan einen Ruck und spricht Tanu, einen der "Verwalter" auf die Situation mit dem Nachbarn an. Die Vermieter unserer Wohnung sind nämlich nicht vor Ort, sondern leben in Seattle. Aber sie sind bereits alarmiert. Wir bekommen ein größeres Apartment etwas weiter abseits und können unsere Buchung um 3 Tage verkürzen. So reicht die Zeit gerade, um die wunderschönen Strände südlich und nördlich von Samara zu besuchen – und ein weiteres Tropengewitter am Meer zu erleben. Das Wasser ist herrlich warm, nur die Strömung ist tückisch. Aber man kann Wellenreiten im wilden, friedlichen Ozean. So genannt von Magellan, der am 28. November 1520 aus der Magellanstrasse kommend auf seiner Weltumsegelung den Pazifik oder Stillen Ozean erreichte. Er nannte ihn Pazifik, weil die ihn bis dahin begleitenden Stürme sich hier wieder legten. Nach einer weitaus erholsameren Nacht nutzen wir den Morgen zum Baden in der friedlichen See, denn wir wissen, dass der Spaß mittags, wenn der Regen von Gewitter begleitet wird, schon wieder vorbei sein kann. Neben den gefährlichen Untiefen finden sich allerdings auch gerne mal Krokodile in der Nähe der Flussmündungen ein. Es ist

Nebensaison und Regenzeit, außer uns sind nicht mehr als 10 Menschen in der Brandung unterwegs. Die aber haben einen Mordsspaß in den Wellen und versuchen vermutlich wie wir den Himmel und die Flussmündung im Auge zu behalten. Nachmittags, nach dem obligatorischen Regenschauer, fahren wir an einen einsamen, wilden Strand aus schwarzem Sand, der nur Schildkröten und uns vorbehalten ist. Leider sehen wir keine Schildkröte, die ja bekanntlich abends und nachts ihre Eier ablegen. Aber wir finden Unmengen Eierschalen neben den Brutlöchern am Strand. Das große Gekrabbel der frisch geschlüpften Schildkröten müssen wir gerade verpasst haben. Aus manchen tischtennisballähnlichen Schalen kann man noch Eireste herauskratzen.

HEIDI KLUM UND IHRE BEHAARTEN FREUNDE 12.-15.8.2018

Wir verlassen bereitwillig unsere noble Apartment-Finca in Samara. Mika und ich unternehmen noch eine Fahrradtour zum Strand, dann geht es weiter nach Tambor an die Südküste der Halbinsel. Der Krawall in der Nebenstraße hat nicht nachgelassen, im Gegenteil, der gestrige Freitag-Abend hat die Partystimmung auf den Höhepunkt getrieben. Gut, dass wir endlich hier wegkommen. Die Fahrt am Samstag führt durch grünes, hügeliges Weideland. Zebu-Rinder weit und breit. Das Rind kennt man eigentlich aus Afrika, hier wird es geschätzt wegen seiner Zähigkeit (nicht des Fleisches). Aufgrund der Vielzahl der Tiere sollte man meinen, dass der Costa-Ricaner regelmäßig leckere Fleischmahlzeiten konsumiert, das ist aber weit gefehlt. "Das geht alles nach Nordamerika und Japan", klärt uns Leon auf. Er ist vor 25 Jahren mit seiner Frau Brigitte nach Costa Rica ausgewandert. Auf der Farm der beiden in der Nähe von Tambor, im Süden der Nicosia-Halbinsel, werden wir die nächsten 4 Nächte verbringen. Hier gefällt es uns viel besser als in Samara. Die Begrüßung ist freundlich und sehr informativ. Am ersten Abend erfahren wir, dass die beiden als Reiseleiter für Neckermann die ganze Welt bereist und sich dann in Costa Rica niedergelassen haben. Land kaufen, es nutzbar machen, Strom und Straße zum Anwesen errichten – das ist alles Pionierarbeit, die wir nur bewundern können. Die beiden haben viel für ihr Dorf und insbesondere die Schule getan und sie sind bestimmt gut integriert. Trotzdem, hier lauern immer wieder Gefahren, z.b. haben sich über Nacht Wespen in einer Gießkanne in unserem Rancho (so nennt man ein nach allen 4 Seiten offenes Haus, hier spielt sich das gemeinschaftliche Leben ab) eingenistet. Als Leon heute Morgen seine Mütze neben der Gießkanne schnappt, schwärmen die Wespen aus und erwischen ihn mehrfach am Kopf und an den Armen. Wir alle verlassen fluchtartig das Rancho, um der weiteren Verfolgung zu entgehen. Wenige Minuten später erschlägt Brigitte nach einem kurzen "Ave-Maria" einen ca. 4 cm großen Skorpion im Rancho mit den Worten: "alles, was hier eindringt wird getötet! Es oder ich"!

Noch vor dem Frühstück und nach der Tierkörperbeseitigung brechen wir auf, um eine wahre Schönheit zu treffen – Heidi Klum – Leons beste Kuh im Stall, die uns huldvoll erwartet, damit wir unsere Frühstücksmilch aus ihr herauspressen. Jan scheint dabei besonders begabt zu sein, bei ihm lässt Heidi alle Hemmungen fallen und der Milch freien Lauf. Sie ist aber wirklich unwiderstehlich, die Heidi, und jetzt verstehe ich auch, warum in dieser Gegend das morgendliche Geschrei der Brüllaffen nicht zu enden scheint. Aber es gibt noch mehr zu entdecken: Nach einem ausgedehnten Frühstück fahren wir ins Hippie-Örtchen Montezuma, von Brigitte liebevoll "Montefumah" getauft. Die Strände dort sind wunderschön, die Hippies der ersten Stunde machen Geld im Tourismus und überlassen ihren jugendlichen Nacheiferern gerne das Feld.

Wieder tost der Pazifik Mika und Jan kraftvoll um die Ohren und die Sogwirkung der Wellen ist enorm. Trotzdem stürzen sie sich hinein und lassen sich ordentlich durchschleudern, so dass diverse Schürfwunden nicht ausbleiben. Zum Abschluss wandern wir noch zu einem Wasserfall in der Nähe von Montezuma. Dort klettert man einen Flusslauf hinauf (wir machen es den Sonntagsausflüglern nach und gehen in Flip Flops), bis man zu Füßen des Wasserfalls ein erfrischendes Bad nehmen kann. Am nächsten Morgen sind wir eingeladen in die Schule, denn wir nehmen unser Versprechen sehr ernst, möglichst viel von Land, Leute und insbesondere die Schulen kennenzulernen. Zu verdanken haben wir diesen Besuch Brigitte, die sehr viel für die Schule in Panica organisiert. Ein kurzer Anruf genügt und wir sind willkommene Gäste, die mit allen Ehren empfangen werden. Großes Erstaunen der Jungs im Grundschulalter, als sie zu Jan hochblicken, als wäre er eine göttliche Erscheinung. So ein großer Mann, mit so großen Füßen! Schnell streckt einer der besonders mutigen seinen kleinen Fuß nach vorne und es werden die Schuhgrößen verglichen. Die Kinder tragen alle Schulkleidung, weiße Hemden und dunkelblaue Hosen, mehr oder weniger durchsetzt von Resten des Frühstücks. Die Schulausstattung ist in Costa Rica bereits eine Investition, die viele Eltern nur schwer aufbringen können. Andererseits wird die äußerliche Erscheinung benotet, genauso, wie die Leistungen in Mathe. Brigitte erklärt uns, dass der Schulbesuch vor allem Werte wie Gemeinschaftssinn, soziales Miteinander sowie Verhalten und Benehmen vermittelt. Sie stellt die Wertigkeit der Wissensvermittlung ein wenig in Frage. Uns fällt auf, wie liebevoll die Lehrer mit ihren Schützlingen umgehen. Alle Schüler, die die Schule besuchen, haben ein Recht auf Essen und ärztliche Versorgung. Die Schule, die In Panica bis zur 6. Klasse geht, erfüllt also noch ganz andere Aufgaben als unsere Schulen in Deutschland. Das gilt auch für die Lehrer – sie bewohnen ein eigenes, kleines Häuschen auf dem Schulgelände und sind außerdem noch dafür verantwortlich, die Schule und das Gelände in Ordnung zu halten. Ich bin fasziniert von der heiteren Gelassenheit, die die 50 Kinder, die diese Schule besuchen, und ihre 2 Lehrer ausstrahlen.

Begrüßt werden wir vom Lehrer der Schule, der sofort seine Gitarre holt und uns die Hymne von Guancaste, so nennt sich die Region, vorsingt. Danach werden die Schlaginstrumente ausgepackt und es folgt ein wildes Trommeln, wobei auch schon mal eine Trommel zu Boden fällt. Der Lehrer bleibt bewundernswert gelassen und drückt Mika eine Marimba in die Hand. Wir reihen uns ein in das verrückte Potpourri und sind am Ende beschämt, weil Mika auch noch die Marimba geschenkt bekommt. Wie gerne hätten wir jetzt auch ein Andenken aus Deutschland dabei. Nun stellt uns Brigitte noch das halbe Dorf vor – den steinalten Mann, der sich immer noch fühlt wie ein Cowboy in den besten Jahren, aber vom ganzen Dorf mit Lebensmitteln und Dienstleistungen unterstützt wird. Er lebt in einer Bretterbude zusammen mit seinen Tieren. Sein ganzer Stolz ist sein Pferd, dass er immer noch reitet. Ich schätze ihn auf mindestens 90. Guancaste zählt zur sogenannten Blue Zone, das sind die Gebiete auf der Erde, in denen die Bewohner überdurchschnittlich alt werden. Kurios ist auch die verrückte Vogelfrau, die uns in die Arme nimmt, als wären wir ihre Familie. Sie redet so lange auf ihren wildlebenden Papageien ein, bis der sich bequemt, uns zu begrüßen. Es kommen immer mehr Leute aus dem Dorf dazu, „los kommt - sonst kommen wir hier nie weg", zischt uns Brigitte zu.

Weiter geht es nach Mal Pais und Santa Theresa die Surfer-Hochburgen von Costa-Rica. Und wirklich, die Wellen sind gigantisch und der Strand toll zum Spazieren gehen. Gerade noch rechtzeitig vor dem Tropengewitter lassen wir uns in einer Beacb Bar nieder und trinken leckere Frucht-Smoothies. Die Früchte sind sehr aromatisch, unvergleichlich zu den nach Deutschland importierten Früchten. Ich liebe frischen Maracuja-Saft und Mika lässt sich gleich eine Spezialsaft Mixen: Banane, Papaya, Maracuja, Mango, Kakao. Auf dem Rückweg stehen wir kurz vor dem Ziel plötzlich vor einem Fluss, den es zu furten gilt. Damit hatte ich nicht gerechnet, denn die Strecke schien befahrbar während der Regenzeit. Wir schreiten die Wassertiefe ab, versuchen den Untergrund zu ertasten und sind ratlos. Letztlich hilft uns (mal wieder) ein freundlicher Costa-Ricaner bei der Überquerung. Man muss schließlich genau wissen, wo man fährt... Am heutigen Abend fallen rote Aras über die Bäume von Brigittes und Leons Anwesen her, sie waren in Nicosia fast ausgestorben und wurden wieder erfolgreich angesiedelt. Den Tieren beim Knacken der Nüsse hoch oben in den Bäumen zuzuhören und sie dabei zu beobachten, ist sehr faszinierend. Der letzte Tag bei Brigitte und Leon bricht an und wir entscheiden uns für eine Bootsfahrt mit Schnorcheln und Walbeobachtung, sofern das Glück uns hold ist. Am Morgen versammeln sich im Hafen viele Pelikane, die auf einen Schnellimbiss der gerade heimkehrenden Fischer warten. Wir stolpern über Fischernetze in ein kleines Boot, das uns aufs offene Meer bringt. Tavo, der die Fahrt mit uns unternimmt, hat ein gutes Gespür für Wale, aber auf dem Weg zur Insel La Tortuga sehen wir leider keines der Tiere, dafür aber eine Schildkröte, die uns skeptisch beäugt und dann schnell abtaucht (bevor

Jan seine Kamera zur Hand hat). Auf La Tortuga angekommen springen wir ins wohltemperierte Wasser und schnorcheln um eine kleine Felseninsel. Die vielen bunte Fische sind wunderschön – wie schwimmen in einem Aquarium! Der Strand, an dem wir Pause machen ist toll, aber wieder sehr touristisch. Außer dem zahmen Schwein namens Philomena gibt es hier Sonnenliegen, Souvenirshops und jede Menge Fun-Angebote. Mich drängt es zurückzufahren, denn gerade verfärbt sich der Himmel unheilvoll dunkelgrau. Als Tavo dann noch sagt "that will become a heavy weather", drängen wir alle zum Aufbruch. Tavo ist Fischer, und wenn ein hartgesottener Fischer so etwas sagt, gibt mir das zu denken. Wir nehmen mit Volldampf Reißaus vor dem Sturm, und als wir uns auf offener See umschauen ist nichts mehr von der Insel zu sehen. Innerhalb von Sekunden bricht der Regen los, das kleine Boot schaukelt, wir sind klatschnass und halten immer noch Ausschau nach Walen. Einen sichten wir noch kurz vor dem Regen, danach müssen wir die Kamera und unser Gepäck in Müllsäcken sichern. Die Szene erinnert mich an den Moby Dick Film, den Jan kürzlich gesehen hat. Um uns herum zucken Blitze und Tavo steuert das Boot quer durch eine Nebelwand mit Höchstgeschwindigkeit in Richtung Heimat. Nebenbei werden die Bierdosen ausgepackt, Bier mit Wasser verdünnt – da greifen wir aus Panik gerne zu. Die beiden Skipper versuchen uns mit wiederholten "Pura Vida" Ausrufen bei Laune zu halten! Dann sagt Jan, dass der Ausflug "my birthday present" sei, woraufhin sie mir sofort ein Ständchen singen, begleitet von Blitz und Donner und Pura Vida. Plötzlich taucht vor uns eine weitere Walkuh mit 2 Walkälbern auf. Es sind Buckelwale, die zu dieser Jahreszeit ihre Jungen in der Bucht zur Welt bringen. Die beiden kleinen Wale haben sichtlich Spaß am Regen, sie springen sogar aus dem Wasser, so dass wir sie in 20 m Entfernung gut beobachten können. Wahrscheinlich nehmen Sie eine anregende Dusche. "Pura Vida" erschallt es bei jedem Sprung der Wale, "Pura Vida", "Pura Vida".

EIN FAULTIER UNTER DER DUSCHE, 16/17.8.2018

Unsere Zeit in Costa Rica nähert sich dem Ende, aber wir haben uns das Highlight, den Corcovado-Nationalpark bis zum Schluss aufgehoben. Die höchste Biodiversität weltweit, verspricht National Geographic! Um dieses Biomassen-Spektakel zu erreichen, benötigen wir zwei Tage Fahrzeit. Wir verlassen Brigitte, Leon und ihre Fidelito-Ranch und nehmen die Fähre von Paquera auf der Nicosia Halbinsel, um nach Puntarenas überzusetzen. Ein wunderschöner Tag, wie zu erwarten, nach einem weiteren (das wievielte?) Tropengewitter. In Puntarenas nehmen wir uns vor, die Geldautomaten zu plündern, denn in Ecuador wird mittlerweile nur noch in USD bezahlt. Nach der letzten Wirtschaftskrise wurde die landeseigene Währung kurzerhand abgeschafft. Doch in Costa Rica ist die gebührenfreie Bargeldbeschaffung auch ein zeitraubendes Unterfangen, zumal durch den Muttertag am 15.8. alle Automaten leer zu sein scheinen. Dieser Tag ist ein großer Festtag, an dem offensichtlich der Geldbeutel locker sitzt – nur zu Ehren der Mutter natürlich! Schließlich finden wir einen ATM, der über USD verfügt, aber etwas launisch ist. "Ausgabe von Summen, nur wenn sie durch 20 teilbar sind. "Oh, ein Automat mir Bildungsanspruch", denke ich, also gut, versuchen wir es gleich mal mit 500 Dollar. Ätsch, nicht durch 20 teilbar, sagt der Automat. Ich verstehe die Welt mich mehr und bitte um 600 Dollar. Diesmal klappt es prompt. Klar, 6 ist ja auch durch 2 teilbar...! Weiter geht es nach Tarcoles, wo ein jeder die gemeinen Krokodile über dem Rio Tarcoles, dem dreckigsten Fluss Costa Ricas bewundern kann (das ansonsten für den Ökotourismus berühmte Land leitet 90% seiner Abwässer ungeklärt in seine Gewässer). Genau so sehen sie auch aus – dreckig und gemein. Kein Vergleich zu den verträumt dreinblickenden Kaimanen, die uns schon früher begegnet sind. Ich vermute, sie werden regelmäßig angefüttert, warum sollten sie sonst in solchen Massen unter der Brücke liegen? Ein weiteres Indiz sind die zahlreichen Souvenirshops, die sich im Einzugsgebiet der Brücke breit gemacht haben. Wie wir da so auf dem schmalen Rand der Brücke stehen und ein weiterer Laster vorbeidonnert, stelle ich mir vor, was wäre, wenn die Brücke mitsamt einem Dutzend Touristen einstürzen würde – bei 31 Krokodilen im Fluss wäre das ein furioses Spektakel. Also schnell runter von der Brücke, Spießrutenlauf durch eine Handvoll Touranbieter und weiter Richtung Süden, bis nach Quepos. Hier übernachten wir zum ersten Mal in einer "gated" Hotelanlage, d.h., wir sind mit meterhohem Stacheldraht umzäunt. Aber ich hatte sowieso nicht vor auszubrechen, denn Mika genießt den Pool und wir die schnelle Internetverbindung. Willkommen zurück in der Zivilisation! Am Abend wollen wir raus aus dem Gefängnis und fahren nach Quepos, ein quirliges Mittelzentrum am nahe gelegenen Nationalpark Manuel Antonio (den wir nicht besuchen werden). Wir mögen den Ort, auch wenn er vom Reiseführer missachtet wird. Grund dafür ist sicher der nahegelegene Nationalpark, der mit herrlichen Buchten aufwarten kann – und fest in der Hand der US-amerikanischen Tourismusbranche zu sein scheint. Der Weg in den Süden des Landes ist geprägt vom Ölpalmen-Anbau. Als wir aber auf die Osa-Halbinsel in Richtung Corcovado abbiegen, erleben wir eine wunderschöne Landschaft. Mehrfach müssen wir einfach anhalten, wegen der wildlebenden Roten Aras und der großen Tukane. Der Golfo, der Meeresarm zwischen dem Festland und der Osa-Halbinsel, ist viel atemberaubender als wir dachten. Die Straße ist frisch asphaltiert, trotzdem finden nur wenige Touristen den Weg hierher. Grund dafür ist die schlechte Erreichbarkeit des Corcovado Nationalparks. Auch wir benötigen 2 Stunden Anreise und dann nochmal 2 Stunden Fußmarsch, um bei Hitze und 90% Luftfeuchtigkeit die Parkgrenze zu erreichen. Tiere kennen keine Grenzen, denken wir uns, und bleiben einfach die 3 Tage in der Danta Corcovado Lodge in der Nähe des kleinen Weilers Las Palmas. Hier sind wir mitten im Dschungel und nahe am Golfo, so dass Mika auch mal baden kann. Als wir die Lodge erreichen, begrüßen uns Totenkopfäffchen, die in den Bäumen toben, und als wir unser Quartier beziehen sind wir sprachlos: es ist Leben unter freiem Himmel, so luftig wie möglich, originell und liebevoll gestaltet. "Da sitzt ein Faultier hinter der Dusche", sagt Jan, als er die Tür zum Freiluftbad öffnet. "Kann nicht sein", denke ich, denn die sind immer irgendwo oben in den Bäumen – außer... sie müssen mal. Dazu klettern sie nämlich runter und das passiert nicht so häufig, meist haben sie dafür bevorzugte Bäume. Ein Faultier bewegt sich in bewundernswerter Langsamkeit, der Tag runter vom Baum und wieder hoch muss mindestens ein Tagestrip sein. Es dreht den Kopf ganz langsam zu uns, danach schiebt es mühsam das 3-Zehen-Bein ein kleines Stück weiter nach oben usw. usw. usw. Das grüne im Fell sind übrigens Algen, der ständigen Feuchtigkeit geschuldet. Die erste Nacht in unserer offenen Holzbehausung wird begleitet von Geräuschen aller Art, nur Regen hören wir diesmal nicht. Am nächsten Morgen erkunden wir die naheliegenden Trails und erklimmen eine Aussichtsplattform, ausgerüstet mit kniehohen Gummistiefeln, denn hier tritt sie vermehrt auf, die gefährliche Lanzenotter. Nach einer schweißtreibenden Dreiviertelstunde treten wir den Rückweg an, es ist so heiß und schwül, dass wir um 10 Uhr morgens bereits eine Pause brauchen. Ich stelle fest, dass nicht nur der Mensch leidet, mein Waschbeutel weist überall Schimmelflecken auf, und auch der Boden meines Trecking-Rucksacks schimmelt fröhlich vor sich hin. Jan erinnert sich an eine Stelle aus Homo Faber, die sehr gut zu unserer aktuellen Lage und das Leben im tropischen Regenwald passt:

".. ein lauer und schwerer Regen, ohne Wind. Was man im Scheinwerferkegel sah: Gewächs reglos, Geschlinge von Luftwurzeln, die in unserem Scheinwerferlicht glänzten, wir Eingeweide. Ich war froh, nicht allein zu sein, obschon eigentlich keinerlei Gefahr, sachlich betrachtet; das Wasser lief ab. Wir hockten wie in der Sauna, nämlich ohne Kleider, es war unerträglich, das nasse Zeug auf dem Leib... gegen Morgen hatte der Regen aufgehört, plötzlich, wie wenn man eine Dusche abstellt; aber es tropfte von den Gewächsen, es hörte nicht auf zu glucksen, zu tropfen. Dann die Morgenröte. Von Kühlung keine Spur; der Morgen war heiß und dampfig, die Sonne schleimig wie je, die Blätter glänzten und wir waren nass von Schweiß und Regen und Öl, schmierig wie Neugeborene..."

„SCHÜTTEL DEINEN SPECK", 17.-19.8.2018

Freitag, der 17.8.2018 um 17.22 Uhr. "Raus!" Schreit Jan. Ich komme gerade aus unserer Freiluftdusche und bin wie versteinert. Unser Rancho ganz aus Holz wackelt, die Holzbalken ächzen, das Wellblechdach kreischt. Auf der Veranda angekommen merke ich, dass ich nichts anhabe, kehre wieder um und schnappe mir Jans Hemd. Mika schnappt sich seine Schulsachen und das iPad (er hatte gerade eine Folge seiner Lieblingsserie schauen dürfen) und ist auch schon draußen. Bis wir realisiert haben, dass wir gerade ein Erdbeben erleben, ist es schon vorbei. Immerhin, 6,1 – hier spricht man von 6,4 auf der Richterskala, "long and strong", sagt unser Vermieter. Unser Holzhäuschen ist gut konstruiert für solche Naturereignisse, und wir schwanken zwischen Faszination und aufkommender Panik. Wenig später ist die Bar unserer Lodge gut besucht, denn es gibt noch dazu ein heftiges Tropengewitter, jeder spricht über das Erdbeben. Für die meisten Europäer ist es das erste Mal. In ganz Costa Rica war das Beben zu spüren – im Golfo, dem Meeresarm bei Puerto Jiminez, hatten Mika und ich noch 2 Stunden vorher gebadet, dort lag das Epizentrum, nur 10 km entfernt. Schauen wir uns die Statistik an: Unser Erdbeben war das Stärkste seit längerer Zeit hier in der Region, aber in 24 Stunden gibt es auf der Erde mehr als hundert Erdbeben, die meisten von ihnen liegen zwischen 2,5 und 4,0 auf der Richterskala.

Ich frage einen der Naturführer in der Lodge, was er so macht während eines Erdbebens. Er zuckt mit den Schultern und sagt "im Haus bleiben". Tatsächlich halten sich die Schäden unseres Bebens in Grenzen, die meisten Probleme gibt es durch heruntergefallene Gegenstände, insbesondere in Supermärkten, wo alles aus den Regalen fällt. Etwa 30 Minuten nach dem Beben folgt noch ein zweites, von etwas geringerer Intensität. Als wir am Abend einigermaßen beruhigt in unseren Betten liegen, spüre ich schon wieder die ersten Erdstöße. „Oh je", denke ich, „jetzt geht das schon wieder los!". Mika steht bereits mit der Taschenlampe auf der Veranda und wartet auf weitere Anweisungen. Nach einiger Zeit treibt es uns dann doch wieder ins gemütliche Bett, aber die Nacht wird wenig erholsam. Alle sind wachsam und unsere Instinkte stehen auf Flucht. Meist ist es aber nur das Wackeln des Bettes, wenn sich einer von uns umdreht...

Unsere gesamte Reise führt uns entlang des zirkumpazifischen Feuergürtels, und ich hatte insgeheim gehofft, auch mal einen Erdstoß zu erleben. Andererseits hätte ich nie damit gerechnet, dass es so schnell und gleich so intensiv dazu kommt. Es ist ein bedrohliches Erlebnis, selbst wenn man sich wie wir, verhältnismäßig sicher auf dem Land aufhält. Ich hoffe, wir müssen es nie in einer Stadt erleben. Vorerst haben wir genug unseren Speck geschüttelt (schütteln lassen). Am nächsten Morgen besuchen wir die "Guayni", einer der letzten Indianerstämme in Costa Rica.

Natürlich geht das nicht ohne Begleitung. Am Friedhof von Palma treffen wir John, einen Kanadier, der 1997 nach Costa Rica ausgewandert ist und dessen Vater aus Deutschland stammt. Er war früher Lehrer für Englisch und Mathematik an der Schule der Guayni und wird uns auf unserer indigenen Tour begleiten und für uns dolmetschen. Nach einer halben Stunde Wartezeit rollt ein uralter Mercedes langsam über die Schlaglöcher auf uns zu. „Ein deutsches Auto in einwandfreiem Zustand – das kann nur John sein!" denken wir und sind erleichtert, dass es nun endlich losgeht. Später erzählt uns John, dass er das Auto von seinem 2017 verstorbenen Vater von Victoria (Kanada) bis nach Costa Rica gefahren hat, weil ihm die Container-Verschiffung zu teuer war. John mag bereits in den 70ern sein, er ist alleinstehend, hört nur Radio und ist beeindruckend gebildet. Als er realisiert, dass wir Deutsche sind, kramt er in seinen Deutschkenntnissen und genießt die Unterhaltung sichtlich. Man muss ihn einfach gerne haben, wie er da vor uns steht, mit weit geöffneten Armen und uns ohne uns zu kennen einfach so in die Arme schließt. Nach ein paar Kilometern Schlaglochpiste und einigen fragwürdigen Holzbrücken erreichen wir das Gebiet des Stammes. Es grenzt unmittelbar an den Nationalpark Corcovado, nur durch den Fluss getrennt. Bevor wir eintreten, muss mit diversen Ritualen sichergestellt werden, dass wir keine bösen Geister mitbringen. So laufen wir über brennende Termitenbauten und werden mit Wasser bespritzt. Der älteste Sohn der Familie lässt uns vor einer Tafel mit Namen oder Gestalten aus der spirituellen Welt der Guayni Platz nehmen. Die beiden kleinen Schwestern mustern uns interessiert. Nun folgen viele Geschichten aus dem Leben des Stammens, illustriert durch die verschiedenen Namen auf der Tafel. Mika braucht viel Durchhaltevermögen, denn John muss alles ins Englische übersetzen, während wir für Mika ins Deutsche übersetzen. Wir hören Geschichten über Kobere, der sich um die Partnervermittlung gekümmert hat, oder Choga, der das Böse verkörpert. Man muss ihm Fallen stellen – zwei davon sehen wir auf unserem späteren Weg über das Gelände. Wir tanzen gemeinsam traditionelle Tänze, lassen uns Heilpflanzen zeigen und erfahren, wie man sie zubereitet. Nach einigen sehr intensiven Stunden bei einem der letzten Indianerstämme Costa Ricas bekommen wir ein traditionelles Mittagessen gereicht. Reis, Bohnen, ein Ei, ein spinatähnliches Gemüse und frittierte Banane. Bei den Guayni gibt es kein Essbesteck, alle essen mit den Händen. Das ist nicht leicht, wenn man gewohnt ist mit Messer und Gabel zu hantieren. Beim Essen erzählt und während der Rückfahrt uns John noch viele spannende Geschichten, so dass wir alle ein wenig traurig sind, als wir uns am Friedhof wieder trennen – nicht ohne seinen 32 Jahre alten Mercedes ausgiebig besichtigt zu haben. Ich glaube, er hätte uns gerne noch zu sich nach Hause mitgenommen, aber wir haben noch einen weiteren Termin, der Höhepunkt und gleichzeitige Abschluss unseres Besuchs auf der Osa-Halbinsel naht: Die Nachtsafari, bei der wir die Tiere sehen, die sich tagsüber nicht so gerne blicken lassen: Der Rotaugenfrosch, der Eieruhrfrosch, die Katzenaugenschlange und vieles mehr. In der Nacht rinnt mir der Schweiß ohne Unterlass vom ganzen Körper in die Gummistiefel, ohne dass ich mich viel bewege. Sofort kommen mir Gedanken an die Dschungel-Szene aus Homo Faber, nur, dass wir uns am ganzen Körper mit Outdoorkleidung vor Spinnen, Schlangen und giftigen Fröschen schützen können – und dabei noch mehr schwitzen. Auch die Erde unter uns gibt keine Ruhe. Am 18. August, als wir gerade erschöpft ins Bett fallen wollen, fangen die Balken an zu knarzen und wir werde schon wieder durchgeschüttelt. "Ich schätze 4,5", sagt Jan und sieht mich müde lächelnd an. Mika ist jetzt ein Bebenfluchtprofi und steht in Sekunden vor der Tür. Wir schicken ihn gleich wieder ins Bett. So schnell gewöhnt man sich an wiederkehrende Ereignisse!

Was werden wir vermissen, wenn wir morgen Costa Rica verlassen?

Rote Aras, die uns in der Freiluftdusche überfliegen; Männer in Gummistiefeln, kurzen Hosen und ausgerüstet mit Machete; Beschreibungen zum Auffinden unserer Unterkünfte wie "600 m östlich vom Fußballplatz"; die unendliche Langsamkeit des Faultieres; das Knarzen von Wellblechdächern; das Prasseln vom Regen; die Freude über eine geteerte Straße; das warme Wasser des Pazifiks; Thunfischsteak und Maracuja-Saft; Morphos-Falter in der Sonne; die Ruhe und Gelassenheit der Menschen.

Worauf würden wir gerne beim nächsten Mal verzichten?

Schwülwarme Luft und Schweiß aus allen Poren; Macho-Hähne am frühen Morgen; Hundegebell; Schlaglochpisten ohne Ende; zu kurze Wagenheber; die Angst vor Lanzenottern; Reis und Bohnen, Bohnen und Reis; Erdbeben.

Am Vulkan Arenal

Ein Quetzal im NP Curi Cancha

Unter der Dusche essen

Freundliche Neugierde in Cano Negro

Baum-Leguane in Cano Negro

Kapuzineräffchen im Rincon NP

Die Schule in Panica (Nicosia-Halbinsel)

Bei den Guavni

Unser Faultier neben der Dusche

Rotaugenfrosch bei Nacht

Die wilden Strände der Nicosia-Halbinsel

SAN SALVADOR – QUITO, 20/21.8.2018

Am 20.8. fliegen wir nach San Salvador, ein klangvoller Name, der mich schon als Kind fasziniert hat. Allerdings wusste ich da noch nicht, dass San Salvador in Zentralamerika liegt und die Hauptstadt des kleinen Landes El Salvador ist. Wir sind eigentlich nur hier, weil es eines der großen Flugverkehr-Drehkreuze in Mittelamerika ist. Als wir in San José in den Flieger einsteigen werden wir sofort als "die Deutschen" erkannt. Woran? Natürlich an der Körpergröße. Der Chefsteward begrüßt uns mit Handschlag und strahlt Jan augenzwinkernd an mit den Worten "look at my name badge", er zeigt uns stolz seinen Avianca-Ausweis, darauf steht "Manfred" gefolgt von einem unaussprechlichen spanischen Nachnamen. Da noch weitere Fluggäste ins Flugzeug möchten, können wir der Herkunft seines Vornamens keine weitere Beachtung schenken. Nach gut einer Stunde in San Salvador angekommen, stellen wir enttäuscht fest, dass unser Anschlussflug nach Quito über eine Stunde Verspätung hat. Wir müssen 3 Stunden in einem schmuddeligen Flughafengebäude ausharren. Dabei stelle ich fest, wie viel intensiver die Luftfahrt in Mittel- und Südamerika von allen Gesellschafts- und Altersschichten genutzt wird. Das Flugzeug ist hier ein beliebtes und sicheres Transportmittel, um seine Lieben zu besuchen. Aus dem Gate des Fluges aus Lima werden gerade 35! Rollstühle nebst älteren Herrschaften herausgeschoben und wie in einem Parkhaus in mehreren Reihen für den Weitertransport aufgereiht. Jan vermutet einen Ausflug des Seniorenheims, aber nein, die Senioren kennen sich offensichtlich nicht. Sie müssen lange warten, bis das Flughafen-Personal sie weiterverteilt, aber das lässt ein jeder mit der hierzulande üblichen Gelassenheit über sich ergehen.

Am Ende hat Neles Flug sogar 2 Stunden Verspätung. Sie ist in Dallas zu spät gestartet, wir in San Salvador. Wir können es kaum erwarten, sie endlich bei uns zu haben. "You are such a nice family", sind die Worte von Manfred, als wir endlich den Weiterflug antreten, wir können es nicht fassen – erstens, weil dieselbe Crew uns befördert, wie beim ersten Flug und zweitens, weil Manfred uns so ein schönes Kompliment macht, obwohl er uns doch gar nicht kennt. Als wir uns in Quito beim Aussteigen verabschieden, schließt er uns sogar fast in die Arme. Mit Wehmut sehe ich mich jetzt schon die Wärme und Herzlichkeit der Menschen hier vermissen, wenn ich wieder zurück in Deutschland bin. Ich nehme mir fest vor, einen Teil dieser Kultur so gut es geht nach Deutschland zu exportieren. Um halb 2 Uhr nachts stehen wir am Gepäckband und schielen den Gang entlang zur Einreiseabfertigung von Quito. Mika kann es kaum erwarten, dass Nele endlich eintrifft. Wir sind sehr glücklich, als es dann endlich soweit ist. Die nächtliche Fahrt in unsere Unterkunft in die Altstadt von Quito dauert fast eine Stunde, aber die Zeit rast dahin, denn wir haben uns viel zu erzählen. Als ich um 6 Uhr morgens zum ersten Mal aus dem Fenster blicke, bin ich regelrecht überrumpelt. Die Kulisse erinnert an ein überdimensionales Alpendorf. Und der Ausblick aus unserem Apartment ist atemberaubend, egal in welche Richtung man blickt. Wir wohnen bei einer Gartenarchitektin aus Deutschland, die ein kleines Paradies mitten in Quito geschaffen hat, die Wantara-Garden-Suite. Um 10 Uhr kriechen Jan und ich dann zur Nahrungsmittelbeschaffung im Schneckentempo die Straße hoch zum Bäcker. Quito liegt 2800 m hoch, es ist die höchstgelegene Stadt der Welt. Wir sind schlapp, müssen viel trinken und fühlen uns, als würden wir in einem anderen Körper stecken. Klar, wir kommen aus dem tropischen Regenwald mit einer Luftfeuchtigkeit von fast 90%, nun sind wir in den Anden und versinken in Daunenfederbetten, auf denen nur noch das weiß-rote Karomuster fehlt. Mit Hochachtung vor den Symptomen der Höhenanpassung beschließen wir beim Frühstück unseren für Übermorgen geplanten Ausflug zu einem 3800 m hohen Vulkan zu streichen. Die Altstadt von Quito ist Weltkulturerbe und so sehenswert, dass vermutlich 2 Tage nicht ausreichen werden, um dieser bemerkenswerten Stadt gerecht zu werden.

DIE MITTE DER ERDE, 21.-23.8.2018

Quito ist völlig anders als erwartet. Hier leben 2,2 Mio Einwohner auf 2850 m Höhe am Fuße mehrerer Andenvulkane. Die Luft ist so dünn, dass man ständig das Gefühl hat, gleich das Bewusstsein zu verlieren – so erleben wir diese ersten Tage zumindest. Leichte Kopfschmerzen, ständige Müdigkeit und ausgetrocknete Atemwege sind ständige Begleiter. Wir haben alle zu kämpfen und bewegen uns am ersten Tag kaum. Aus den 10 Minuten zum Supermarkt werden schnell 20 Minuten, dennoch schaffen wir es, am 2. Tag vier Stunden lang die Altstadt von Quito zu erkunden. Sie ist relativ klein und UNESCO Weltkulturerbe. Es mischen sich auf interessante Weise die Kultur der Inka mit den Einflüssen der spanischen Eroberer, die Mitte des 16. Jahrhunderts die Stadt bevölkerten. Uns fallen sehr viele Menschen mit indianischen Gesichtszügen auf, ganz anders als in Costa Rica. In der Altstadt reiht sich ein Museum an das nächste. Trotzdem treffen wir wenige Touristen und selbst im Zentrum der Stadt geht es vergleichsweise dörflich zu. Überall preisen Händler ihre Waren auf der Straße an, es ist ein nicht enden wollendes Potpourri der Marktschreier: Feine Kaschmirtücher, Coca-Tee, Flaschenbürsten, Äpfel, Plastikeimer, Bonbons, undefinierbare Süßspeisen, selbstgemachtes Eis, Zierfische in Beuteln... die Verkäufer wandern durch die Straßen und bringen wirklich alles an den Mann oder die Frau. Am besten gefällt mir der Blick in einen Himmel von unbeschreiblichem Blau. Von Zeit zu Zeit zieht eine schneeweiße Wolke vorüber, die in der klaren Luft zum Greifen nah erscheint. Trotz der Autoabgase zahlreicher Taxis und Busse in der Stadt. Die Kombination aus dünner Luft und Abgasen ist für Flachland-Neuankömmlinge wie wir eine echte Herausforderung und im wahrsten Sinne des Wortes atemberaubend.

Wir schlendern mühsam durch die Gassen, spähen in alte Einkaufszentren, bewundern viele Kirchen und entschließen uns schließlich, die Jesuitenkirche "La Compania", eines der 100 bedeutendsten Gebäude weltweit, zu besichtigen, obwohl nur der Gedanke ein paar wenige weitere Höhenmeter aufs Kirchendach zurückzulegen, eher abschreckend wirkt. Gebaut wurde die Kirche im Zeitraum von 1605 – 1765. Der Innenraum des Bauwerks besteht fast völlig aus 54 kg Blattgold. „Nur 54 kg? Das kann nicht sein", denken wir alle zeitgleich, als uns eine Studentin erst ins Innere der Kathedrale und dann bis auf das Dach führt, so dass wir Quito und sein Umland japsend von allen Seiten bewundern können. Nach einer Verschnaufpause geht es abends in die berühmteste alte Straße von Quito, La Ronda.

Man kann dort gut essen und in kleinen Kunsthandwerksläden stöbern. Mika möchte unbedingt die dicken, eignet zum Verzehr gezüchteten Meerschweinchen probieren, eine Delikatesse hierzulande. Der Preis für das „Brathühnchen Südamerikas" schreckt ab, außerdem wäre das eine Zumutung für die Vegetarier am Tisch – selbst wenn der Wunsch aus dem Mund eines süßen 10-jährigen kommt, der festentschlossen ist, jede Chance auf neue Erfahrungen zu nutzen. Am Ende gibt es schmackhafte Kartoffel-Avocadosuppe und sehr feines Fleisch vom Grill undefinierbarer Art. "Seid auf jeden Fall vor der Dunkelheit zurück in der Wohnung", sind die Worte von Marcelo, der uns Montagnacht vom Flughafen abgeholt hat, und „wenn es dunkel ist, benötigt ihr auf jeden Fall ein Taxi". Quito ist leider alles andere als sicher, was auch das große Polizeiaufgebot in der Stadt erklärt. Wir laufen nach dem Essen, natürlich bei Dunkelheit, die Straße hinauf halten nach einer geeigneten Mitfahrgelegenheit Ausschau. Es brausen so einige Taxis an uns vorbei, aber keines hält. Warum nur? Plötzlich zischt von hinten eine kleine Frau: "Geht weg, hier ist es nicht sicher! Weiter oben an der Kreuzung halten die Taxis!" Dort angekommen werden wir auch sofort fündig und brausen für nur 2 Dollar pro Fahrt nach Hause, in unsere sicher verschlossene, wunderbare Wohnanlage. Der Kontrast könnte kaum größer sein. Eine Kakophonie von Autosirenen, Tag und Nacht, insbesondere hinter unserem Haus, wo ein Parkplatz liegt, zeugt von der schwierigen Sicherheitslage der Stadt. Den Hausberg El Pancillo (das Brötchen), nur einen Katzensprung entfernt, besuchen wir ebenfalls per Taxi, denn ein Spaziergang zum Aussichtspunkt der Stadt wäre angeblich zu gefährlich. Ich kann und will das nicht immer glauben und wäre gerne trotzdem gelaufen, aber gestern ist uns schon ein Mann auf offener Straße begegnet, der wild mit seinem Messer hantiert hat. Das ging nicht gegen uns, dennoch wird unser Glaube an das Gute im Menschen hier schwer strapaziert. Andererseits ist die Kluft zwischen arm und reich erdrückend, ähnlich wie in Costa Rica schämen wir uns, zu privilegiert zu sein. Oben auf dem staubigen Aussichtshügel lassen Kinder traditionell Drachen steigen, während wir über die Anlage mit Blick auf den Cotopaxi, Ecuadors berühmter, schneebedeckter Vulkan, schlendern. Die Touristenpolizei folgt uns unauffällig aber auf Schritt und Tritt, es scheint, wir stehen mal wieder unter besonderem

Schutz oder sind besonders seltene Vögel. Schnell spricht man uns an und die Bodyguards bitten um ein Foto (von uns!), und wo wir denn überhaupt herkämen? Natürlich verlangen wir im Gegenzug auch ein Bild, das Ganze artet so langsam zu einem fröhlichen Selfie-Happening mit der Staatsmacht aus. Erstaunlich, aber wir fallen wirklich auf, hellhäutig und groß gewachsen wie wir sind – obwohl doch genug Touristen nach Quito kommen. Trotzdem, in der 2 Millionen-Stadt habe ich nicht einen Menschen getroffen, der annähernd so groß ist wie Jan. Am Nachmittag lassen wir uns mal wieder mit dem Taxi durch verstopfte Straßen ins moderne Quito kutschieren. Den Stadtteil Madriscal, beliebt zum Ausgehen und Einkaufen, möchten wir uns auf jeden Fall noch ansehen. Direkt beim Kunsthandwerksmarkt raus aus dem Taxi und rein ins Produkteldorado der Wolldecken, Schals, Folkloreblusen und Wollpullover! Es ist nichts los, daher möchte uns jeder etwas verkaufen. Das, was sich sonst auf der Straße abspielt, konzentriert sich hier auf noch kleinerer Fläche. Wir haben noch so viel vor uns und können einfach keine weiteren Kunsthandwerksprodukte auf dem Rücken durch Südamerika schleppen. Es tut uns wirklich aufrichtig leid.

Morgen früh um 6 geht es weiter auf die Galápagos Inseln, ein Traumziel, nicht nur für Biologen wie uns.

Was wird uns fehlen von Quito?

Heiße Schokolade (70-100%); der blaue Himmel, das wunderschöne Antlitz der Indios; preiswerte Waren und Dienstleistungen aller Art; die Architektur und der interessante Mix verschiedener Baustile.

Worauf würden wir gerne beim nächsten Mal verzichten?

Dünne Luft; Abgase; ausgetrocknete Schleimhäute; Auto-Alarmanlagen; Polizeisirenen; dubiose Gestalten, die mit Messern herumfuchteln.

Schuhe putzen in Quito

Schuhe reparieren in Quito

Das Gold der La Compania

Über den Dächern von Quitos Altstadt

LONESOME GEORGE, SANTA CRUZ, 24.-26.8.2018

Lonesome George verstarb am 24. Juni 2012 auf den Galápagos Inseln. Bis heute trauert die Gemeinde Santa Cruz.

Eine sehr kleine Frau spricht mich im Charles Darwin Research Center an "you want to see lonesome George, follow me!?", "Wie? Lebt er doch noch? Werde ich jetzt in das größte Geheimnis der Galápagos Inseln eingeweiht? Nur ich bin dazu auserkoren, einen Blick auf den steinalten George zu werfen...", denke ich in einem Anfall grenzenloser Naivität. Die Dame führt uns zuerst in einen stark unterkühlten Raum, dann öffnet sich eine weitere Tür: „Kein Blitz, nichts anfassen, 6 Minuten Besuchszeit". Unfassbar, ein eigenes Gebäude für die sterblichen Überreste, runtergekühlt und für die Ewigkeit konserviert – Lonesome George, ausgestopft und verehrt als der letzte seiner Art, der Pinta-Riesenschildkröte der Isola Pinta, eine der 18 Galápagos Inseln. Zumindest haben wir in den ersten Stunden nach unserer Ankunft auf der Insel Santa Cruz den prominentesten Einwohner post mortem besucht.

Als wir am Mittag des 24. August aus dem Flieger steigen und unsere Füße auf den Boden des Galápagos Archipels setzen, merke ich, wie gut es tut, wieder in der Natur und raus aus der Stadt zu sein. Quito war anstrengend, Lärm, schlechte, dünne Luft, ein Gefühl nicht überall sicher zu sein – es wurde wirklich Zeit für einen Tapetenwechsel. Bereits die Vegetation der Insel Baltra, auf der wir landen, ist interessant und fremdartig. Nur 4 der 18 Inseln sind von Menschen bewohnt. Und auch auf den 4 bewohnten Inseln hat der Mensch eher den Status eines Gastes, überall liegen Seelöwen herum, besonders gerne auf den Parkbänken. Oder man stolpert im Slalom über schwarze Meerechsen. Aufgrund der isolierten Lage im Pazifik findet man so viele endemische Arten, d.h. Tiere und Pflanzen, die nur hier vorkommen, wie sonst nirgendwo auf der Welt. Charles Darwin schipperte einst (1835) über 5 Monate durch die Inselwelt und erkundete Tiere und Pflanzen. Nachdem er zurück in England war, hat er 40 Jahre von seinen Beobachtungen gezehrt, Bücher geschrieben und seine berühmte Evolutionstheorie verfasst. Prominentestes Studienobjekt waren die Darwin-Finken. Wir besuchen auf unserer Reise nach Galápagos nur 3 Inseln, da wir nicht per Kreuzfahrt unterwegs sind. Wichtig ist uns, das Leben und die Momente auf den Inseln einzufangen und nicht von einem Tier-Spot zum nächsten zu jagen, immer in Begleitung einer Tour-Gruppe. Allerdings ist der Weg in dieses Paradies beschwerlich und teuer. Wir fliegen mit tame Ecuador, nicht unbedingt vertrauenserweckend aber günstiger als andere. Da wurde mal eben ein Zwischenstopp in Guyaquil eingelegt, so dass weitere Passagiere zusteigen können. Auch das Flugzeug hat schon bessere Zeiten gesehen, denke ich beim Einsteigen. Bei mir wird noch schnell eine Plastikverkleidung festgeklebt, Jans Tisch klappt beim Start einfach runter. Beeindruckend ist die einfache und effektive Logistik der Insulaner. Nach der Landung geht es per Bus zum Boot, dann wird man über ein kurzes Stück Meer auf die Insel Santa Cruz verfrachtet – das Gepäck fährt auf dem Dach mit. Schließlich geht es von dort aus weiter per Bus oder schneller mit dem Taxi ins 40 km entfernte Puerto Ayora, dem einzigen Ort der Insel. Dort scheint ein regelrechter Bauboom ausgebrochen zu sein, halbfertige Betonbauten und Stahlgerippe wohin man auch schaut. Es scheint, die Insulaner rüsten auf gegen die Profitgier der Kreuzfahrt-Anbieter, die das Gros der Touristen auf den Galápagos Inseln bedienen. Wir lassen unsere Dollars wenigstens hier, wo sie für den Erhalt und den Schutz des Nationalparks benötigt werden. Galápagos boomt, und das nicht erst seit heute. Gerade angekommen sind wir schon 500 USD ärmer, für Parkgebühren und Transfers. Es lohnt sich, denn nirgendwo sonst geht man so auf Tuchfühlung mit Pelikan, Robbe, Hai, Schildkröte & Co. Morgens treffen sich Tier und Mensch an ihrem Lieblingsplatz, dem kleinen Fischmarkt an der Mole von Puerto Ayora. Wir verbringen Stunden damit, Pelikane und Fregattvögel zu beobachten. Im Wasser zu unseren Füßen tummeln sich Rochen und Haie. Wenn Fischer gerade ihre frisch gefangenen Fische anbieten, bettelt immer mindestens ein Seelöwe um mundgerechte Leckerbissen. Auch wenn unser Studium lange zurückliegt - würde man uns hier im Charles Darwin Zentrum einen Job anbieten, wir wären sofort dabei und würden alles andere stehen und liegenlassen.

An unserem zweiten Tag auf Santa Cruz fahren wir zu einer Finca, um Riesenschildkröten in ihrer natürlichen Umgebung zu beobachten. Außer im Charles Darwin Zentrum gibt es im Hochland von Santa Cruz noch sehr viele wildlebende Schildkröten. Eigentlich sehen sie alle irgendwie aus wie lonesome George, aber wir wissen, dass es auf jeder Insel eigene Arten gibt, die sich z.b. durch die Wölbung ihres Panzers unterscheiden. Heute leben in Galápagos nur noch 15% der ursprünglichen Population – waren die Schildkröten doch früher der ideale Proviant für Seefahrer. Die Tiere kommen Wochen ohne Futter aus, so dass sie quasi als lebende Schildkröten-Konserve zur See fuhren. Auf dem Gelände der Finca verteilt tummeln sich viele der Tiere, sie dösen im Teich oder fressen sich durch die Grasbestände. Wie alle Tiere hier lassen sie sich vom Menschen kaum stören, im Gegenteil, manche strecken uns neugierig ihren muskulösen Kopf entgegen und schauen uns neugierig an. Sie sind zwar langsam und zentnerschwer, aber führen ein geruhsames, bis zu 200 Jahre langes Leben. Nach stundenlanger Schildkrötenbeobachtung kriechen wir dann noch durch einen langen, unterirdischen Lavatunnel.

"Lasst uns unsere Pässe stempeln!" sagt Nele als wir uns zum wiederholten Male beim Charles-Darwin Zentrum herumtreiben. Am Eingang zur Ausstellung hängt ein Schild "Passaporte", daneben liegt ein Stempel. Schnell sind die Pässe ausgepackt und Mika stempelt fröhlich drauf los. Wir hatten uns sowieso schon gefragt, wann wir denn endlich einen schönen Ecuador Stempel in unsere Pässe bekommen. Zugegeben, ich zögere ein bisschen, denn seit wann darf man seinen Reisepass selbst stempeln? Aber der Spaß ist so groß und der Stempel so schön! Als wir gegen Abend noch durch den Museumsshop schlendern fängt Nele plötzlich an hysterisch zu lachen. Sie zeigt mir ein kleines Heftchen, in dem man sich den Besuch aller Galápagos Inseln abstempeln kann. Ok, wir haben gerade unsere Reisepässe zu Sammelheftchen degradiert und hoffen, dass es an den Grenzübertritten, die uns noch bevorstehen, niemand merken wird. Es ist schön individuell zu reisen und uns keiner Kreuzfahrt oder Tour angeschlossen zu haben, denn nur so können wir vieles in unserem Tempo erkunden, wie z.B. die "Fressgasse", die eine kulinarische Reise durch die ecuadorianische Küche verspricht: Um 18 Uhr stellen die Familien der Fischer Tische und Stühle auf die Straße, der Fang des Tages wird ausgelegt und der Grill angeschmissen. Mit Hilfe des Mobiliars auf der Straße müssen sich nun Fremdlinge wie wir durch die Gasse schlängeln. Schnell ist klar: Wer hier durchgeht kommt ohne Fischgericht nicht wieder hinaus. Alle 5 Meter wedelt uns jemand mit der Speisekarte unter der Nase herum, oder, die besonders Hartnäckigen, gleich mit dem Lobster oder diversen anderen frisch gefangenen Fischen. Wir stellen schnell fest, dass diese Gasse das beste Preisleistungsverhältnis der Insel bietet und noch dazu eine authentische Erfahrung, die wir nicht missen möchten. Renato, der mich irgendwie an meinen Neffen Felix erinnert, insbesondere, als er in Spanisch unbeirrt auf uns einredet, strahlt uns an. Ich verstehe kein Wort, und bin trotzdem von seiner liebenswürdigen Art überzeugt. Schnell werden köstliche Frucht-Smoothies aufgetischt und interessierte Blicke mit Nele ausgetauscht. Die spanischsprechende Vegetarierin unter uns findet schließlich ein fischfreies Gericht und outet sich charmant.

Der dritte Tag in Santa Cruz ist endlich dem Wasser gewidmet. Morgens machen wir uns auf den Weg nach Los Grietas, einer kleinen Schlucht, in der man zusammen mit anderen Touristen im kühlen Wasser sportlich baden und schnorcheln kann. Das glasklare Wasser in der engen Meeresschlucht macht Lust auf mehr Meer, nur ist das Wasser in dieser Jahreszeit empfindlich kalt und wir haben in unseren Trekking-Rücksäcken natürich keinen Platz für Neoprenanzüge. Wieder aufgewärmt von der Sonne wandern wir zurück zum Hafen und weiter zum Schildkrötenstrand La Tortuga. Dort angekommen sehen wir, dass auch die Meerechsen den schönen Tag nutzen und sich in der Sonne aalen, ungerührt der zweibeinigen Sonnenanbeter, die ihren Weg kreuzen. Das türkis-grüne Meeres ist verlockend und die flache, geschützte Bucht lädt zum Baden uns Schnorcheln ein. Am äußersten Ende der Bucht, wo die Mangroven beginnen, sollte es am meisten zu sehen geben. Nele und Mika sind schnell im Wasser und beobachten gebannt, wie in kürzester Zeit ein ca. 1,5 m großer Hai im flachen Wasser um sie herum schwimmt. Ein paar Meter weiter kreuzt ein Oktopus unseren Weg, später gesellt sich auch noch ein

Stachelrochen dazu. Finken belagern uns und Pelikane stürzen sich auf Fische direkt vor unseren Füßen. Am Ende stehen wir erstarrt und ehrfurchtsvoll mit den Füßen im Wasser und überlassen den Badespass lieber der Tierwelt. Wieder ist schnell klar, wessen Paradies wir gerade betreten – als Zaungäste, und mit dem Gefühl als müssten wir fragen, ob wir auch mitspielen dürfen, ohne angenagt oder gestochen zu werden. Beim Zurücklaufen tummeln sich unzählige, große Meeresschildkröten in der Brandung im tosenden Pazifik. Da ist Jan trotz Warnung nicht mehr zu halten, zusammen mit den Kindern springt er ebenfalls in die Fluten, mitten hinein, als wären wir jetzt akklimatisiert und kein Tier könnte uns etwas anhaben. Die gefährliche Unterströmung zieht ihn sofort immer weiter hinaus, Nele schnappt sich Mika und zerrt ihn aus dem Wasser, während mir Angst und Bange um Jan wird. Rechtzeitig merkt er jedoch, dass er keine Chance hat und den Meeresschildkröten gefährlich unterlegen ist. Mit letzter Kraft kämpft er sich aus der Strömung. Am Abend sind wir fix und fertig und suchen Trost bei Renato, der uns schon mit einem gewinnenden Lächeln erwartet.

Morgen früh um 6 fahren geht es mit dem Schnellboot von Santa Cruz zur Isola Isabela, einer faszinierenden Vulkaninsel, auf der wir 4 Tage verbringen möchten.

HÖLLENRITT MIT FEINKOST SCHMIDT, ISOLA ISABELA, 27.-31.8.2018

Mit 750 PS auf den Spuren der Beagle! Wenn Darwin das geahnt hätte, wäre er sicher gerne 200 Jahre später auf die Galápagos Inseln gereist, allerdings mit erheblich mehr Bargeld in der Tasche – und ausreichend Sedativa…. Die Verschiffung von Touristen, die per Schnellboot zwischen den Inseln reisen, folgt einem wohl-strukturierten, angenehm nicht-digitalen Prinzip. Für den Fahrgast ist es ein bisschen wie bei einer Lotterieteilnahme: Erst geht man zu einer der vielen von verschiedenen Familien betriebenen "Travel Agencies" und kauft eine Fahrkarte für 30 USD einfache Fahrt. Man bekommt einen Zettel, auf dem der Name eines Schiffes steht. Es gibt sehr viele dieser kleinen Boote, die nicht mehr als 15-20 Personen befördern. Alle starten zur gleichen Zeit, nämlich morgens um 7 Uhr. Unser Taxi holt uns pünktlich um 6.15 Uhr ab, allerdings fehlt das Boot und der Skipper. Wenn er dann da ist, man erkennt ihn an einem Holzpult, das er vor sich herträgt und als Schreibunterlage nutzt, muss man 1. Name und Passnummer hinterlassen, und 2. sich eine Plastikkarte um den Hals hängen lassen, die die Zuordnung zum Boot eindeutig definiert. Erst dann geht es zur Rucksack-Visitation, bei der nach Organischem und genutzten Treckingmaterialien gefahndet wird. Die ganze Prozedur ist ziemlich nachlässig, wo es doch gilt, ein einzigartiges Ökosystem vor kontinentalen Einflüssen zu schützen. Schließlich dürfen wir ins Wassertaxi, klettern, nochmal 50 Cent (passend) pro Person, dann vom Wassertaxi ins Schnellboot. Letzteres mag unspektakulär erscheinen, jedoch haben wir schnell gemerkt, wie wichtig ein strategisches Gespür bereits beim Einstieg ins Taxiboot ist: Möchte man einen halbwegs guten Platz für das bevorstehende Martyrium ergattern, sollte man möglichst spät ins Taxiboot einsteigen – damit man als erster wieder aussteigen und sich mit allen anderen um die begehrtesten Plätze reißen kann. Kommt man zu spät, bleibt bei übervoller Besetzung (was die Regel ist) nur der ungeschützte Platz auf der Einstiegsleiter. Unser Boot heißt MS Albany und ist noch stärker motorisiert als die anderen Boote. „Dann dauert die Fahrt nicht so lange", schießt es mir in den Kopf. Das ist bestimmt auch der Grund, warum wir als letzte starten und der Bootsmann sich noch einen extra Kaffee heute Morgen gönnen konnte. Ich brauche dringend einen Platz, um aufs Meer zu schauen. Dafür werde ich zum giftigen Fiesling, der alles daransetzt, als Erste aufs Boot zu kommen. Ich liebe Schiffe und das Meer, bin aber leider ziemlich anfällig, was Seekrankheit angeht. Und diese Überfahrt hat es in sich! Ein letzter prüfender Blick auf die Notfall-Bestände: Seaband (ein Armband, das auf einen bestimmten Akkupunkturpunkt am Handgelenk wirkt), Ingwerbonbons und Superpep-Betäubungskaugummi. Als wir endlich gegen 8 Uhr aus dem Hafen tuckern und ich tatsächlich einen begehrten Platz im Heck ergattert habe, werden leckere Schokoladenbonbons verteilt, eine Delikatesse hierzulande und sicher zur Beruhigung der Fahrgäste. Unser letztes Stück Schokolade liegt schon eine Weile zurück und so greifen wir begierig nach der feinen Kost. Ich vermute sogar, dass die Dinger irgendwie behandelt wurden, denn kaum schlägt das Boot hart auf die meterhohen Wellen, scheinen alle anderen Fahrgäste in einen tiefen, narkotischen Sitzschlaf zu fallen. 16 Fahrgäste sitzen in U-Form auf harten Bänken, bei jeder Welle hüpfen apathische Körper auf und ab, Gruppenmeditation im Sitzkreis, es ist schlimmer als auf den kleinen Stühlen beim Elternabend im Montessori-Kindergarten. Ich halte die Augen wechselhaft auf die Wasseroberfläche und die schwankenden Mitreisenden gerichtet, und versuche die Isola Isabela am Horizont zu erspähen. Hinter uns dröhnen drei Bootsmotoren mit zusammen 750 PS! Schnell holen wir die anderen, weniger PS-starken Boote wieder ein. Das große Los! Die Schaukelfahrt erscheint verheißungsvoll kürzer. Plötzlich wird Mika, der ebenfalls hinten sitzt, ein Schraubenzieher und ein Benzinfilter gereicht. Einer der Motoren macht schlapp, wir verlieren den Vorsprung auf die anderen Boote, so ein Pech! Maschine stopp, der Skipper klettert leichtfüßig aus dem Boot, fummelt irgendwie unter dem Sitz rum, Mika reicht alles an und ruckzuck ist der Schaden repariert – dann allerdings geht die wilde Hatz nach den Booten wieder von vorne los, denn die haben uns inzwischen natürlich alle überholt. Kaum zu glauben, dass wir nach 2 Stunden Wellenreiten dann doch wieder die ersten im Hafen sind, leicht angeschlagen und mit wackligen Knien. Bei der Ankunft im Hafen von Isabela zeigt sich ein weiteres Mal, dass die Tierwelt hier das Sagen hat: Seelöwen dösen auf den Piers oder üben Kopfsprung vom Steg, schwarze Meerechsen liegen faul in der Sonne vor den Füßen der Reisenden, und eine grüne Meeresschildkröte knabbert genüsslich an den Algen des Anlegers. Es ist unmöglich den vom Nationalpark vorgeschriebenen Sicherheitsabstand zu den Tieren von 2 Metern einzuhalten. Grund genug die Kamera zu zücken und so lange drauflos zu knipsen, bis der Hafenmeister uns weiter zur Registrierung scheucht. "Wir sind im Tier-Paradies", jubelt Mika, dann machen wir uns auf die Suche nach unserer Bleibe. Dort angekommen herrscht Sprachlosigkeit: Ein ganzes Haus für uns - volle 5 Tage und 4 Nächte werden wir im Luxus schwelgen, inklusive Waschmaschine. So viel Komfort hatten wir auf dieser einsamen Insel mitten im Pazifik einfach nicht erwartet. Nachdem wir uns austariert haben, laufen wir halbwegs gerade ins Dorf, um die Ausflugsmöglichkeiten zu erkunden. Einiges geht auf eigene Faust, für die großen Highlights aber muss man Touren buchen – und da ist es wie mit den Booten: Lauter Kleingewerbe, das bedient werden möchte, wir haben die Qual der Wahl. Das Internet ist in Isabela noch nicht so gut ausgebaut, also hoffen wir, dass die teuren Trips zu Vulkanen & Co auch wirklich ihr Geld wert sind. In der kleinen Bucht Concha de Perla, direkt beim Hafen, kann man ganz umsonst schnorcheln und dabei den Geldbeutel schonen. Beim Einstieg, am Ende des Steges, tummeln sich viele Touristen. Trotz des Rummels sehen wir beim Schnorcheln in den Mangroven unsere erste Wasserschildkröte zum Greifen nah und ganz ohne gefährliche Strömung. Gegen Abend das immer gleiche Schauspiel im Ort: Töpfe und Grills werden auf die Straße geschleppt, an jeder Straßenecke Hausmannskost, nur diesmal eher "to go". Ab 16 Uhr ziehen Rauchschwaden durch die Straßen, denn alle paar Meter kocht „Mutti", die hier die uneingeschränkte Hoheit in jeder Hinsicht zu sein scheint. Wir kaufen uns Empanadas und verspeisen sie noch an der Straße. Ein leckeres Appetithäppchen vor dem Abendessen, das Jan endlich mal wieder selbst kochen kann. Auf dem Weg nach Hause kommen wir an einem kleinen Häuschen vorbei, hier residiert Radio Isabela und sorgt für die Unterhaltung der 3000 Mitbürger der Insel aus Lava. Am nächsten Tag lässt sich Nele für 8 USD die Haare abschneiden. Ganz schön mutig, denke ich, und trauere um die schönen langen Locken. Andererseits ist ein Kahlschlag an diesem Platz der Erde ja schon fast ein Happening. Frisch gestylt wandern wir zum Aussichtspunkt an der sogenannten "Mauer der Tränen", ein absurdes Bauwerk, das in den 40er Jahren von Strafgefangenen errichtet wurde, nur zum Zwecke der Beschäftigung. Viele mussten dabei ihr Leben lassen.

Die Isola Isabela besteht aus einer Reihe von Schildvulkanen, die teilweise noch sehr aktiv sind. Wir wandern zum Vulkan Sierra Negra, dessen Caldera lange Zeit gerne als die zweitgrößte Caldera weltweit vermarktet wurde. Laut moderner Messmethodik rangiert sie allerdings nur auf Platz 22, gesteht unser Tour-Guide mit verschmitztem Lächeln. Trotzdem ist es erhebend und beunruhigend zugleich am Rand des Kraters zu stehen, auf die erkaltete Magma zu blicken und sich vorzustellen, dass es hier vor nur 2 Monaten die letzte große Eruption gegeben hat. „Los Tuneles", eine vom Meer überspülte Lavalandschaft, die Quartier für viele

Tiere und Pflanzen bietet, ist die Attraktion hier auf Isabela. Die Tour, die sich niemand entgehen lassen sollte, strapaziert unsere Reisekasse und hinterlässt einen Geldregen über Puerto Villamil, so denke ich zumindest, als ich die Scheine für diese Tour auf den Tisch des Touranbieters blättere. Wir sind 4 und das geht insbesondere bei geführten Schnorchel- oder Bootstouren richtig ins Geld. Aber dieser Trip verspricht zu einem der besten Besucherplätze der Galapagos-Inseln zu führen. Los Tuneles ist ein einzigartiges Gebiet, geformt von Lava zu Lande und zu Wasser. Als wir unseren Guide Gabriel am Hafen treffen, müssen wir schmunzeln. Er spricht ziemlich schnell englisch und spanisch, denn unsere 10-köpfige Gruppe ist zweisprachig und man merkt ihm an, dass er nicht nur ein Tour-Guide, sondern selbst verrückt nach Abenteuer mit Tieren unter Wasser ist. Wir werden mit Neoprenanzügen, Masken und Flossen ausgestattet, dann beginnt die 45-minütige Fahrt nach Los Tuneles. Das kleine Boot schaukelt uns behände durch die hohen Wellen, dabei lässt ein Manta-Rochen für einen kurzen Moment seine Flügelspitze aus den Schaumkronen blitzen. Am Ziel angekommen, werden wir generalstabsmäßig eingewiesen, "wir bleiben als Gruppe zusammen und versuchen uns lautlos im Wasser zu bewegen", meint Gabriel, dann gibt er Gas und schnorchelt mit so einer Begeisterung durch die Tuneles, dass ich sofort an einen Marktverkäufer am Hamburger Fischmarkt erinnert werde. "Let's see the sharks first, two more sharks here, quick, quick, then we swim to the sea horses…let's find the turtles over there, you get 5 turtles more here…" Er schnorchelt, spricht, filmt mit der Unterwasser-Kamera, nimmt uns wechselweise am Arm und schiebt uns weit nach vorne ins Haifischbecken, so dass wir direkt über den Weißspitzenhaien im Wasser schweben. Gabriel ist im Flow, wir auch… nach zwei Stunden im Wasser ist es trotzdem sehr kalt, aber er peitscht uns weiter und wir lassen es gerne über uns ergehen. Alle sind überwältigt, unser Guide eingeschlossen – das merkt man ihm an – "can you survive a few more minutes?" Am Ende schaut Mika in eine Höhle mit Haien, wir entdecken Seepferdchen, Rochen, tropische Fische, 2 verschiedene Haiarten und viele bis zu 2 m große Schildkröten, die mit uns synchron schwimmen. Gabriel macht "family pictures" unter Wasser. Nach einer Aufwärmpause an Bord geht es weiter zum Landgang. Das Boot tuckert durch ein Labyrinth aus Lava, an einer Stelle legen wir an und beobachten Blaufuss-Tölpel (Boobies) beim Balzen. Auch die Boobies scheren sich kein bisschen um uns. Wir kommen bis auf einen Meter heran und können endlich mal die wunderbaren, türkisblauen Füße begutachten. Wirklich süß ist das Balzverhalten der Tiere: Der männliche Boobie tanzt im Zeitlupentempo um das weibliche Tier herum, wobei er seine Füße beachtlich weit in die Höhe streckt. Yogastunde für Anfänger, Jan stakst mit seinen Gummistiefeln in Costa Rica durch den Dschungel, Bibo aus der Sesamstrasse – vor meinem geistigen Auge erscheinen so viele Bilder. Um die Attraktivität der Bemühungen zu erhöhen und sein liebevolles Wesen zu unterstreichen, werden der Partnerin kleine Stöcke oder Federn gereicht, die sie huldvoll entgegennimmt. Erst dann erfolgt der Paarungsakt: Zack-zack, wie das bei Vögeln eben so ist. Danach wird noch ein bisschen weiter geschmust, bevor sich dann beide eine kleine Ruhepause gönnen. Die haben wir jetzt auch nötig, nach über 2 Stunden schnorcheln im kalten Humboldt-Strom und so vielen Eindrücken. Ein Blick in die Kirche von Puerto Vilamil auf dem Heimweg zeigt Jesus im Paradies, das Paradies Isabela natürlich, mit seinem weißen Sandstrand, dem unbeschreiblichen Grün des Meeres, der grandiosen Tierwelt und den beeindruckenden Vulkankratern.

EINE INSEL MIT VIEL BERGEN, ISOLA FLOREANA, 1.-4.9.2018

Um auf die kleine, hügelige Insel Floreana zu gelangen, müssen wir erst mit dem Schnellboot zurück nach Santa Cruz, um dann am nächsten Morgen in ein noch kleineres Boot zu steigen, für einen weiteren mindestens 2 Stunden andauernden Höllenritt. Die Rückfahrt von Isabela nach Santa Cruz ist noch wilder als die Hinfahrt. Mika und ich dürfen nach oben hinter den Kapitän, denn das Boot ist mal wieder gnadenlos überfüllt. Dort hat man zwar einen tollen Rundblick und kann die Navigationskünste der Seeleute hautnah beobachten, andererseits schaukelt und knallt es uns ab und an von den Sitzen, manchmal gibt es sogar eine kalte Dusche frontal auf den Steuermann und uns. Die üble Seitendünung zwingt den Kapitän im Stehen zu fahren, immer auf Schlingerkurs durch die hohen Wellen. Es fehlen die leckeren Schokobonbons, denn keiner bewegt sich, um nicht die Balance des Schiffes zu gefährden. Zu allem Überfluss haben wir auch noch 3 Personen mehr an Bord als erlaubt. Ich finde es überaus unkompliziert, dass die 3-köpfige Familie trotzdem noch mitfahren darf, denn hier auf einer Insel hängenzubleiben kann die komplette Reiseplanung zerstören. Der Vater kauert uns zu Füßen im kleinen Führerhaus und ich habe so viel Mitleid, dass ich die Rolle der Versorgerin übernehme und die kleine Schicksalsgemeinschaft samt Steuermann mit unseren wohltuenden Schokoladenbonbons versorge. Endlich in Santa Cruz angekommen, fallen wir noch immer schwankend ins Bett, um uns am nächsten Morgen um 7 Uhr der nächsten Tortur zu unterwerfen, der Weiterfahrt nach Floreana. Zugegeben, bei Neles "Kahlschlag" (es waren nur 12 cm) habe ich etwas übertrieben, aber sollte jemand zukünftig die Schnellboote in Galapagos nutzen, sind eine gute mentale Vorbereitung und sedative Medikamente unerlässlich.

Warum wollen wir unbedingt auf diese Insel? Zu Hause hatte ich fasziniert über die Besiedlung von Floreana gelesen. Auf dieser Insel residiert Familie Wittmer, die 1932 aus Köln ausgewandert ist und sich in der Nähe der einzigen Süßwasserquelle in einer ehemaligen Piratenhöhle niedergelassen hat. Sohn Rolf war der erste auf Floreana geborene Siedler. Vorher gab es auf Floreana nur Piraten und Walfänger (die hier die Bestände der für diese Insel typischen Landschildkröten aufgegessen haben), sowie ein paar halbherzige Kolonialisierungsversuche, u.a. der Norweger, die aber allesamt scheiterten. Vor den Wittmers kam Anfang der 30er Jahre der seltsame Aussteiger Dr. Ritter mit seiner Gefährtin Dore auf die Insel, nächtigte in den Piratenhöhlen und ließ sich dort nieder. Die beiden waren also die eigentlichen ersten richtigen Siedler auf Floreana. Vor der Abreise hatten sich Dr. Ritter und Dore in ihrer Heimatstadt Berlin alle Zähne ziehen und sich ein gemeinsam genutztes Gebiss anfertigen lassen, denn offensichtlich hatten sie mehr Angst vor Zahnschmerzen als vor den widrigen Bedingungen einer Vulkaninsel im Pazifik. Familie Wittmer, im fernen Köln, las mit Begeisterung in den Reiseberichten Ritters aus dem fernen Galápagos. Abenteuer-Literatur war zu dieser Zeit sehr angesagt. Das Familienoberhaupt der Wittmers war dermaßen fasziniert von den sagenhaften Erzählungen, dass er kurzerhand beschloss, mit seiner Frau Magret und Sohn Harry nach Floreana auszuwandern. Somit gab es bald weitere deutsche Höhlenbewohner und mit der Geburt von Rolf den ersten echten "Floreaner". Dr Ritter jedoch war gar nicht begeistert von der Ankunft der Zugewanderten, es gab Zank und Frust in der kleinen europäischen Inselgemeinschaft und dann ereilte ihn ein tragisches Schicksal: Der hartgesottene Esoteriker, der aufgrund seiner streng vegetarischen Lebensweise 140 Jahre alt werden wollte, gab am Ende die asketische Ernährungsweise auf – und starb an einer Fleischvergiftung! Außerdem gab es noch mehr mysteriöse Todesfälle, die bis heute nicht aufgeklärt wurden. Die kuriosen Dramen, die sich in den vergangenen 80 Jahren auf der Insel zugetragen haben, kann man in dem Buch "Postlagernd Floreana", geschrieben von Margret Wittmer, nachlesen. Spannend sind auch aktuelle Zeitungsbeiträge, denn immer wieder greifen Journalisten die mysteriösen Geschichten von Floreana auf.

Und wir sind zu Gast bei Ingrid Garcia-Wittmer, einer der 3 Enkeltöchter von Rolf Wittmer. Ingrid hatte gerade ihre Tochter auf dem ecuadorianischen Festland besucht und sitzt nun mit uns, Paco und Tanja (Gäste aus Murcia, die mit uns zusammen ihr "Black Beach House" bewohnen werden) im Boot zur Insel. Da gerade "Winter" ist, fahren kaum Touristen auf die Insel. Auch die Kreuzfahrtschiffe legen hier nicht an. Wir genießen die Überfahrt, ist sie doch viel angenehmer als die vom Vortag. Angekommen am Pier haben wir den Eindruck, dass das halbe Dorf uns erwartet. Es sind aber nicht wir, die sehnsüchtig erwartet werden, sondern die "Paola", das Versorgungsschiff, das die Einwohner einmal pro Woche mit allem Möglichen versorgt: Säcke mit Mais, Zement (damit das nächste Stockwerk gebaut werden kann), Lebensmittel für den kleinen Dorfladen, ein kleiner Junge wartet auf sein Dreirad, das schließlich mit großem Jubel in Empfang genommen wird. Auch wir profitieren von der Wochenendlieferung, die in den nächsten Stunden per Bagger im Dorf verteilt wird und die Regale des kleinen Lebensmittelgeschäftes auffüllt. Ingrid zeigt uns nach der Ankunft im Black Beach House das Dorf: die Panaderia, den kleinen Laden und das "Postfass", dem Briefkasten der Insel.

Die wenigen Restaurants, die es hier gibt, haben außerhalb der Saison nicht geöffnet. Daher pilgern wir in den nächsten Tagen mehrfach zum Laden, und decken uns mit dem Nötigsten ein, das ja glücklicherweise gerade angeliefert wurde. Die Auswahl an Lebensmitteln ist trotzdem sehr, sehr bescheiden. Nun zum legendären Postfass: Hier folgt man einem alten Seefahrer-Brauch, der auch von den Siedlern auf Floreana fortgeführt wurde. Man legt seine Post in das Fass und hofft darauf, dass das nächste Schiff, oder der nächste Reisende, der vorbeikommt, die Zeilen einfach mitnimmt ins Heimatland und persönlich an den Empfänger übergibt. Wir schauen die vorhandene Post nach deutschen Adressen durch, nehme eine Karte aus München mit (die inzwischen auch übergeben wurde), und legen unsere eigenen Karten in das Fass – um persönliche Übergabe wird gebeten!

Am Nachmittag machen wir uns auf den Weg zu den von den ersten Siedlern bewohnten Piratenhöhlen im Inland, ganz in der Nähe liegt die einzige Süßwasserquelle der Insel. Kaum zu glauben, dass hier Dr. Ritter, seine Dore und später die Wittmers in der Anfangsphase gewohnt haben. Aber der Platz scheint wirklich ideal, denn in den Bergen der Insel ist die tropische Vegetation üppig, man sieht Bananenstauden und alles was man nicht im Dorfladen kaufen kann. Die Fahrt zur Höhle treten wir mit dem halben Dorf an. Alle nutzen den Bus, um zu ihren Obstgärten im Hochland zu gelangen. Dort werden wir an der Endhaltestelle buchstäblich ausgesetzt, um gegen halb 5 dann wieder vom Busfahrer abgeholt und zusammen mit den anderen Dörfler zurück zu Küste gebracht zu werden. Inzwischen scheint man uns zu kennen, denn mit uns sind es 6 Touristen, die sich derzeit auf Floreana befinden. Als es am Abend oberhalb des Beach House eine Bingo-Veranstaltung gibt, schlendern wir hin und werden sofort aufgefordert mitzumachen. Spanische Zahlen und Buchstabenkombinationen bis 100 fordern Neles volle Aufmerksamkeit. Sie arbeitet sich mühsam durch die Spielbedingungen und wird dabei von den Initiatoren unterstützt. Wir sind Teil der Gemeinschaft und wieder einmal bereue ich, dass ich meinen Babbel-Spanischkurs vernachlässigt habe. Die Veranstaltung wird von einer politischen Gruppe der Nachbarinsel San Cristobal gesponsert. Es gibt nicht nur Bingo, sondern auch reichlich

Getränke (Cola) und ein kostenloses warmes Abendessen für alle Besucher, also fast das gesamte Dorf. Das Spektakel findet auf dem ortseigenen Sportplatz statt, um den sich alle versammeln und den verschiedensten Showeinlagen in den Bingo-Pausen lauschen. Hier treffen wir auch den Jungen mit dem Dreirad wieder, schwer damit beschäftigt, seine neue Errungenschaft zu verteidigen. Uns gefällt Floreana sehr, ganz besonders die Sonnenuntergänge, auf die wir vom Haus blicken, die Seelöwen, die in der Loberia-Bucht im Wasser mit uns spielen (bei entsprechender Animation unsererseits) und die unglaubliche Ruhe, die diese Insel ausstrahlt. Am letzten Abend stehen wir auf dem Aussichtspunkt mit Blick auf die Bucht und beobachten die Seelöwenfamilie unter uns. Paco, Tanja und wir vier teilen uns das Beach House. Wir verstehen uns wunderbar mit unseren zufälligen Reisepartnern und zeitweise scheint es, die Insel und die Tiere wären exklusiv für uns. Am nächsten Morgen, bevor wir mit dem Boot übersetzen, gehen wir sehr früh noch einmal schnorcheln in der Bucht. Das Wasser ist eiskalt, aber wir möchten ein letztes Mal mit den Schildkröten schwimmen und uns von den Seelöwen verabschieden. Heute ist ein ganz besonderer Tag: Mikas 10. Geburtstag. Wir hinterlegen postlagernd eine Karte für ihn in der Postbox und bekommen noch eine kleine Privatführung über das Wittmersche Anwesen. Dann tuckern wir langsam (es scheint mal wieder ein Motor kaputt zu sein) aber sicher mit dem Schnellboot zurück nach Santa Cruz.

Das Geburtstagsessen folgt am Abend bei Renato auf der Straße, diesmal gönnen wir uns einen Hummer mit Knoblauch und Kokosnuss-Sauce, der sich letztlich als sehr preiswert herausstellt (10 USD pro Person).

Was werden wir vermissen, wenn wir Galapagos verlassen: Ruhe, Einsamkeit, die Tiere in der Bucht, die Leichtigkeit des Seins.

Was wird uns nicht fehlen? Nichts.

REISEPRAKTISCHES ZU DEN GALAPAGOS-INSELN

Wir haben die Reise individuell gemacht, d.h. alles im Vorfeld oder auf den Inseln selbst organisiert. Entgegen manchen Berichten im Internet ist das auch problemlos möglich. Trotzdem ist eine Reise auf die Galapagos-Inseln auch ohne Kreuzfahrt vergleichsweise teuer, aber bezahlbar. Die hohen Kosten sind berechtigt, denn das Geld wird für den Schutz eines weltweit einzigartigen Ökosystems dringend benötigt. Wir finden die Planung und Umsetzung der von der Nationalparkverwaltung geschaffenen Maßnahmen wichtig, denn sie stellt auch die Lebensgrundlage der Inselbewohner nachhaltig sicher. Die hohen Kosten sind absolut gerechtfertigt, aber man muss sich gedanklich darauf einstellen. Wer gerne Geld spart, ist hier falsch, denn ohne die teuren Ausflüge wird man vieles verpassen.

1. Kosten

Für die Einreise zählt man 120 USD pro Person (Immigration und NP-Gebühr), für Übernachtungen lagen die Kosten für uns 4 je nach Unterkunft (einfach bis luxuriös) zwischen 65 USD (4-Bettzimmer im Hostal) und 130 USD (unser Haus in Puerto Villamil). Der Flug von Quito nach Baltra und zurück kostet zwischen 400 und 500 USD pro Person, wobei wir alle unsere Tickets wieder über die Internetreiseagentur reiss aus! gebucht haben. Weitere, nicht zu vernachlässigende Kosten, entstehen für die Transfers zwischen den Inseln, jeweils 30 USD pro Person einfach. Auch die Touren zu den Hauptattraktionen kosten zwischen 40 und 120 USD pro Person. Viele Besucherplätze können ohne NP-Guide nicht besucht werden. Wir haben aber auch vieles auf eigene Faust und ohne Geld auszugeben unternommen: Schnorcheln in der Concha de Perla, Wanderung zur Mauer der Tränen, Schildkröten-Reservat (Villamil), Lavahöhlen, Charles Darwin Zentrum, Tortuga Bay (Santa Cruz), Loberia-Bucht und die Piratenhöhlen (Floreana).

2. Essen

Obst und Gemüse haben wir nur auf Santa Cruz problemlos bekommen. Auf Isabela gibt es viele Frauen, die auf der Straße kochen, insbesondere Fleisch, Fisch und Empanadas (einen stabilen Magen vorausgesetzt). Manchmal hat man auch den Eindruck, dass das günstiger ist, als der Einkauf im Supermarkt. Allerdings sollte man einen stabilen Magen und Lopedium o.ä. dabeihaben. Trinkwasser gibt es in Hotels in großen Wasserspendern oder überall zu kaufen, Wasser aus der Leitung ist tabu, es sei denn, man kocht es ab.

3. Transportmittel

Bis auf Floreana konnten wir überall schnell und unkompliziert ein Taxi finden. Eine Fahrt innerorts kostet 1,50 USD in Puerto Ayora und 2 USD in Puerto Villamil. Der Flughafentransfer auf Santa Cruz kostet 25 USD, wenn man sich mit dem Taxi ins Hochland der Inseln fahren lässt, liegen die Kosten ebenfalls bei 20 – 25 USD. Insgesamt ist der Transfer zwischen den Inseln sehr gut organisiert. Als Taxis fungieren weiße Pick-Ups, die überall zu finden sind.

4. Unterkunft

Es gibt sie in allen Preiskategorien, ab 50 USD pro Zimmer aufwärts. Bei den Hotels sollte man keinen europäischen Standard erwarten, aber die vielen familiengeführten Hotels sind authentisch und meist liebevoll eingerichtet. Die Konkurrenz ist groß auf den Inseln, insbesondere, weil viele Touristen die Kreuzfahrten buchen und keine Nächte auf den Inseln verbringen. Unterkünfte auf den Galapagos-Inseln kann man problemlos im Internet buchen. Wir haben das im Vorfeld über booking.com organisiert.

5. Spezielle Ausrüstung & Tipps

Wenn man ausreichend Platz im Gepäck hat, sollten Taucherbrille (wichtig: aus Glas) und Schnorchel nicht fehlen. Bei den bezahlten Touren ist das Material normalerweise inkludiert. Bei noch mehr Platz im Rucksack lohnt sich ein eigener Neoprenanzug. Die Anzüge werden sehr gerne von den Touranbietern aufgekauft, um den eigenen Bestand zu erweitern. Hilfreich ist das Reisen mit Trekking-Rucksack, denn große Roll-Koffer sind unpraktisch bei den zahlreichen Transfers zwischen Boot, Taxi und Bus. Außerdem rollt es sich schlecht auf Lava-Kies.

Ganz wichtig: Ausreichend Bargeld mitnehmen, denn fast alles muss bar bezahlt werden. Ganz selten ist VISA-Zahlung möglich und wenn, dann werden aber hohe Gebühren verlangt. Gleiches gilt für die Geldautomaten. Wir haben uns bereits in Deutschland mit Dollars eingedeckt und dann in Ecuador auf dem Festland "nachgeladen". Die Galápagos Inseln sind sehr sicher, auf den kleineren Inseln gibt es überhaupt keine Kriminaldelikte. Anders ist die Situation in Quito oder Guayaquil. Wer dort ein paar Tage verbringt, sollte sein Geld und Papiere im Safe einschließen und nur das Nötigste dabeihaben. Reisepasskopien sind ausreichend für eine Stadtbesichtigung.

6. Reisezeit

Wir waren im Winter auf den Galapagos-Inseln unterwegs, d.h., angenehme Temperaturen von 20-25 Grad, ein meist bewölkter Himmel und regelmäßiger Nieselregen in den höheren Lagen. An der Küste ist es sehr angenehm, meist klart es am Nachmittag auf. Aufgrund des Humboldt-Stroms ist das Wasser aber recht kalt. Trotzdem waren wir oft ohne Neoprenanzüge im Wasser. Andererseits ist zu dieser Jahreszeit das kühle Wasser klarer und es gibt eine vielfältige Tierwelt unter Wasser, weil der Humboldt-Strom sehr viele Nährstoffe befördert.

Auf Tuchfühlung mit Hai & Co. in Los Tunneles

Fischneid im Hafen von Santa Cruz

Alle auf Mutti

Krebsleben auf Isabela

Blaufuss-Tölpel (Boobies) beim Balztanz

Entspannung auf Floreana

Die Attraktion der Woche – das neue Dreirad auf Floreana

Leben in der Piratenhöhle

Der Kampf der Giganten

Die traumhafte Loberia-Bucht

Feierabend-Volleyball auf Floreana

Vor dem Fischessen in Santa Cruz

ZWEI WELTEN, GUAYAQUIL UND VALPARAISO, 4.-6.9.2018

Mit der Biografie von Magret Wittmer im Gepäck verlassen wir das Galápagos-Archipel Richtung Guayaquil. Die 2 Millionen Metropole am Rio Guayas ist ein guter Zwischenstopp vor der Weiterreise nach Santiago de Chile und Valparaiso.

Der Flughafen von Guayaquil liegt günstig, in der Nähe des Stadtzentrums, so dass wir uns gegen 17 Uhr noch auf die Straße wagen. Ähnlich wie in Quito ist auch in Guayaquil die Sicherheitslage in einigen Bereichen der Stadt kritisch. Daher beschränken wir uns auf einen abendlichen Bummel entlang der 2,5 km langen Uferpromenade "Malecon". Es ist ein verhältnismäßig sicherer Ort, auch bei Dunkelheit – trotzdem haben die Sicherheitskräfte auch hier wieder ein wachsames Auge auf uns. Die Kulisse hinter der Uferpromenade ist eine vielfältige Mixtur aus altehrwürdigen, historischen Gebäuden (eher weniger) und hässlichen, heruntergekommenen Plattenbauten. "Los alemanes todos son altos", bekommen wir auf der Promenade mehrfach zu hören. Die Malecon ist eine beliebte Flaniermeile am Fluss, nicht nur für Touristen. Die Stadt hat die Promenade bauen lassen, um das Image der Stadt aufzupolieren und natürlich zu Ehren von Simon Bolivar, dem wohl bekanntesten Unabhängigkeitskämpfer von Südamerika. Die Armut vieler Ecuadorianer entgeht uns auch hier trotzdem nicht. Steht unser Taxi an der Ampel, fällt eine alte Frau vor Neles Fenster bettelnd auf die Knie. Wir würden ihr gerne etwas geben, aber das Taxi ist aus Sicherheitsgründen verrammelt. Gegen 20 Uhr, es ist stockdunkel, möchte uns ein ca. 5-jähriger Junge Kaugummis verkaufen, keine Eltern weit und breit in Sicht. Wer schickt sein Kind in dieser Stadt abends auf die Straße? Nele geht mit dem Kleinen zu McDonalds und kauft einen Eisbecher. Und unsere Kaugummi-Vorräte reichen vermutlich bis wir zurück sind.

Am nächsten Morgen verfrachtet uns das ausgezeichnete kleine Airporthotel (DC Aeroport Suites) pünktlich und unkompliziert zum Flughafen. Wir fliegen weiter nach Chile, nur 5 Stunden Flug trennen uns noch von dem Land in

Südamerika, an das wir schon während der letzten Reise unser Herz verloren haben. Dort später als erwartet angekommen, brausen wir mit einem frisch geliehenen Toyota Hilux von Santiago nach Valparaiso. Da es noch Probleme mit dem Kofferraum-Schloss gibt, dauert die Übergabe-Prozedur länger als gedacht. Um 22 Uhr sind wir endlich am Ziel, und es liegt eine erstaunliche Ruhe über der quirligen Hafenstadt. Schnell parken wir im Parkhaus Sotomayor und schleppen unser gesamtes Gepäck schnaufend die berühmten Stufen (es gibt davon sehr viele) zu unserem Hostel hinauf. Das kleine Apartment ist wunderschön mit einem herrlichen Blick vom kleinen Balkon auf den Hafen und mittendrin im charmantesten Teil der Stadt. Sehr spät trudeln wir orientierungslos durch die faszinierenden Gassen, treppauf, treppab, auf der Suche nach dem einzigen Lokal, das – wie wir inzwischen wissen - noch bis 23 Uhr warmes Essen serviert, der Pizzeria Alegretto. Dort um kurz vor elf angekommen lautet die Parole: "Wenn ihr vor 23 Uhr bestellt, bekommt ihr noch was"... Die Blicke aus der Küche sind nicht gerade begeistert. Trotzdem, wir bekommen 2 herrliche Pizzen, Saft und eine Flasche Carmenere, unser Lieblingswein (zum Mitnehmen). Die Pizzeria ist urgemütlich, wir sind ausgehungert und genießen das Essen sehr. Plötzlich merken wir, dass wir nicht mehr im gastronomischen Niemandsland sind, wo bereits eine Banane das Highlight des Tages ist (zumindest für uns, die keinen Kleingarten im Hochland betreiben). Das Frühstück muss auch noch organisiert werden, und so fallen wir vor 24 Uhr in den einzigen Minimarkt ein, der spät noch offen hat (wohl hauptsächlich damit man seine Alkoholvorräte auffrischen kann) und stürzen uns auf Brot, Käse, Tomaten, Avocados und Kiwis.

"Ist das cool hier", murmelt Nele und ja, wenn ich 30 Jahre jünger wäre und viel Zeit hätte, würde auch ich in den Gassen an jeder Ecke hängenbleiben. Auch wenn Valparaiso eine quirlige Hafenstadt am Pazifik ist, mich wirft es in der Erinnerung 30 Jahre zurück, nach Berlin-Mitte, kurz nach der Wende. Da war ich 21 und wir haben jeden Abend in einer anderen improvisierten Bar gefeiert, Montag in der Montagsbar, Dienstag in der Dienstagsbar und immer so weiter. Valparaiso ist außerdem multikulti pur. Unten am

Plaza de Sotomayor trifft man auf stolze Seefahrer in gestärkten Uniformen, oben in der Stadt residieren junge Traveller aus aller Herren Länder. Die bunten historischen Häuser und die berühmten Aufzüge der Stadt gehören zum Weltkulturerbe. Anders als man vermutet, inkludiert dies auch die ausschweifende Graffiti-Kunst, die nahezu alle Flächen in Anspruch nimmt.

Tag 2 in Chile beginnt verschlafen. Eigentlich sollten wir früh los, aber nun holt uns die Zeitverschiebung ein. Unsere kleine Wohnung im Hostal ist so schön, dass wir uns Zeit lassen. Um 12 Uhr schlendern wir durch die Stadtteile Conception und Alegro und genießen einfach nur endlich wieder in Chile zu sein. Empanadas an jeder Straßenecke, historische Aufzüge rauf und runter, Jan und Mika besuchen das Naturkundemuseum, wir lassen uns einfach nur treiben. Um 3 Uhr gehen wir schließlich zum Treffpunkt für die "Walking Tour Valparaiso" auf dem Plaza Sotomayor. Der Tourguide preist dabei eine Hafenrundfahrt an, wir schauen uns kurz an, sind uns einig und verlassen die übergroße Gruppe englischsprachiger Touristen unauffällig. Sicher war es nicht seine Absicht uns zur Konkurrenz zu vertreiben, aber der Kerl spricht so schnell und fließend Englisch und mit so vielen historischen Details, dass wir die Simultanübersetzung für Mika nur schwer bewältigen. Stattdessen schauen wir uns die Stadt vom Meer aus an. Das kleine Boot fährt an riesigen schwimmenden Schiffsdocks vorbei, auf denen Werftarbeiter schweißend ihr Werk tun und wie Ameisen vor dem riesigen Schiffsrumpf herumwuseln. Ein riesiger Seebär thront faul auf einer Boje. Hunde gehören in Valparaiso zum Straßenbild, sie lassen sich zeitweilig gerne mal von uns Zweibeinern adoptieren und folgen auf Schritt und Tritt. Wir haben unseren vorübergehenden Begleithund "Gottfrieda" getauft. Chilenische Hunde sind Vagabunden, immer auf der Suche nach Gefährten. Alle stehen prima im Futter, aber wenn man sich mit ihnen anfreundet, scheinen sie nicht nur auf Futter zu hoffen, sondern auf ein gemütliches Heim. Kurz verliert uns Frieda aus den Augen, aber als wir am 2. Abend aus dem Alegretto, der Late-Night-Pizzeria vom Vortag kommen, taucht sie plötzlich wieder schwanzwedelnd vor uns auf. Vor dem Hostal ist dann Endstation für Frieda, das tut mir leid – aber der Hausherr hat schon zwei Katzen und zwei Hunde adoptiert, da hilft es auch nicht, dass der Hund sich vor dem Eingangstor breit macht. Morgen früh starten wir unseren Roadtrip in die Atacama-Wüste und dann weiter über die Anden nach Argentinien. Das Auto ist tip-top, denn der Autovermieter hat den Schaden im Laufe des Tages repariert. Die Einsamkeit der Wüste wartet.

INTO THE GREAT WIDE OPEN, UNDER THE SKY SO BLUE
7.-9.9.2018

Kein Pirat ohne Mannschaft, sondern Cowboys in gut motorisierten, höher gelegten Allradfahrzeugen prägen die Bilder, die uns auf unserer 3-tägigen Fahrt durch die Wüste in den großen Norden Chiles begleiten. Dabei haben wir uns auch schon optimal an die Bedingungen dieser Region angepasst. Wurde unser Toyota Hilux in der Mega-Shopping-Stadt La Serena (450 km nördlich von Santiago) von unserem Gastgeber wegen seiner überdimensionalen Größe amüsiert beäugt, sind wir 800 km weiter nördlich mit diesem Fahrzeug immer noch eine Ameise auf der Panamericana gegen die riesigen Lastwagen, die die reichen Bodenschätze in Chiles Norden weiter zu den Häfen an der Küste befördern. Immerhin lassen sich die Riesenkolosse leicht überholen, da es meist an Gegenverkehr mangelt.

Als wir am 7.9. Valparaiso verlassen ahnen wir ja noch nicht, wie schnell wir auf dem Mond landen würden. Für die ersten Kilometer nach La Serena brauchen wir einen ganzen Tag, denn es muss noch eingekauft werden, um die Luftlöcher im Pick-Up Kofferraum zu füllen. Pausen hier und dort, diverse Fotostopps, Essen auf der Laderampe und immer wieder Fahrerwechsel verringern unsere Reisegeschwindigkeit erheblich. Schließlich schaffen wir es bis La Serena kurz vor Einbruch der Dunkelheit. Es reicht gerade noch, um ein paar Papas Fritas zu kaufen und der Plaza den obligatorischen Besuch abzustatten. Dabei werden wir von den streunenden Straßenhunden dermaßen belagert, dass wir schnell wieder ins Hostal flüchten. Klack, Klack, Klack – von überall her ertönen putzige Hundepfoten auf dem Asphalt - Mika mit einem Hamburger in der Hand, das geht gar nicht!

La Serena hat eine tolle Altstadt, nur der massive Bauboom in der Umgebung gefällt uns überhaupt nicht. Das Hostal ist ausgebucht, nicht wegen der Altstadt, sondern wegen der Shopping-Malls nach amerikanischem Vorbild. Am 25 km langen Strand drängeln sich bereits viele Neubauten. Die ultimative Kombination: Shoppen, Beaches und Casinos. Gegenüber geht die Stadt fast nahtlos in die Nachbarstadt Coquimba über, deren großes Jesuskreuz, das über der Stadt thront, bestiegen werden kann. Wir sind offensichtlich an der Copa Cabana Chiles!

"Was? Ihr wollt morgen bis nach Taltal, da will ja keiner tot überm Zaun hängen!", meint Jens, der Besitzer des Hostals Al Punto in La Serena. Ich bin entsetzt, denn da wird meine akribische Reiseplanung kritisiert, obwohl ich zugeben muss, dass das Kilometerziel von 690 km an Tag 2 ziemlich ambitioniert ist. Aber Taltal ist als zweiter Zwischenstopp wirklich gut geeignet. Ein kleiner Ort am Meer, außerdem können wir nach einer weiteren Übernachtung die schöne Küstenstraße Richtung Norden nehmen. Das beste aber ist die Fahrt nach Taltal, sie führt durch unglaubliche Mondlandschaften, Steinwüste wechselt mit Sandwüste – zwischendurch geht die Strecke immer wieder kilometerweit entlang von einsamen, wilden Küstenabschnitten. Kein Grün, dafür dominierenden die Farben Braun, Weiß und Schwarz. Wenn der Küstennebel die Kulisse einhüllt ist es gespenstisch unwirklich und wenig einladend, schafft es die Sonne dann gegen Mittag, den Nebel zu bezwingen, wirkt die fremde Welt wieder freundlich und man möchte direkt ins (kalte) Meer springen. Wir brausen durch eine überraschenderweise abwechslungsreiche Wüstenlandschaft und hören alle Lieder, die irgendwas mit Wüste zu tun haben. Was für ein cooler Roadtrip und wir sind mittendrin. Die günstige Unterkunft in Taltal würde sich prima für einen Psycho-Film eignen: eines der ältesten Häuser in dem kleinen Hafenort, flankiert von pechschwarzen Bergen, im oberen Stockwerk mehrere anscheinend unbewohnte Zimmer und ein Gemeinschaftsbad. Es ist bitterkalt, als wir das wohlwollend durchlüftete Zimmer betreten. 4 Betten, 1 Deckenlampe und nicht zu vergessen, der alles einnehmende Röhrenfernseher! Unten warten schon wieder 3 Straßenhunde, die sich nachts jaulend vor unserer Tür zusammenrotten. Irgendwann dazwischen poltern noch weitere Gäste durchs Haus, da liegen wir aber schon längst unter 3 Decken und lassen die Wüstenlandschaft noch einmal vor unserem inneren Auge an uns vorbeiziehen. Taltal hat viel versteckten Charme, der sich erst am nächsten Morgen so richtig offenbart. Im 19. Jahrhundert war es sogar die drittgrößte Hafenstadt Chiles, denn hier wurde das sogenannte „Gold der Wüste", der Salpeter, verschifft. Bis zur Erfindung des Haber-Bosch Verfahrens wurde Salpeter zur Herstellung von Düngemitteln und Sprengstoff genutzt. Am Morgen sehen wir noch einige stattliche Gebäude aus dieser Zeit, halten uns aber nicht lange auf, denn es lockt die nächste Etappe der Küstenstraße Richtung Norden. Kaum 15 Minuten gefahren, sichten wir eine Gruppe Orcas, die langsam vor der Küste entlangzieht. Es ist gespenstisch einsam und wild im "Indianerland", denn dieser Küstenabschnitt wird von der indigenen Bevölkerung vereinnahmt, was auf verschiedenen Holzschildern immer wieder sichtbar wird. Nachdem wir das Gebiet verlassen und uns weit in die Höhe des Küstengebirges schrauben, liegt wieder die unendliche Wüste vor uns. "So sieht es bestimmt auf dem Mars aus", meint Mika. Dazu passend nähern wir uns langsam aber sachte einem globalen Großprojekt, dem "Very Large Telescope", mitten in der Einsamkeit auf über 3000 m Höhe liegt das Auge ins Weltall, bei klarer, sauerstoffarmer Luft. Auch wenn eine Besichtigung nur bei Voranmeldung möglich ist, kann man sich aus der Ferne ein gutes Bild machen von den Spiegeln in die Vergangenheit". Vorbei an Industrieanlagen bei Antofagasta geht es weiter nach Chacabuco, einer verlassenen Minenstadt in der Wüste. Ich hatte in zu Hause in irgendeinem älteren Reiseführer davon gelesen. Die Szenerie ist erinnert an das Filmset von „Spiel mir das Lied vom Tod". 5000 Menschen haben in den 20er Jahren in der Bergbaustadt gearbeitet und gelebt, dann, nachdem das Salpeter-Geschäft nicht mehr lukrativ war, verfiel die Stadt – bis General Pinochet in den frühen 70ern gemerkt hat, dass sich die Siedlung bestens als Lager für politische Gefangene eignet. Wir sind an diesem Tag seltene Gäste und bis auf einen Verwalter allein in den Ruinen der Häuser und dem Verfall preisgegebenen öffentlichen Einrichtungen unterwegs. Aus Lautsprechern ertönt von irgendwoher Musik der 30er Jahre, was die morbide Stimmung auf dem Gelände unterstreicht. Am faszinierendsten aber ist das Theater, denn der Bühne fehlt hinten bereits die Fassade, die alte Holzdecke des Zuschauerraums biegt sich gefährlich zur Saalmitte und der Bühnenvorhang raschelt dabei leise im Wind. Draußen knallt die Sonne erbarmungslos auf die ehemalige Plaza, dem öffentlichen Zentrum der Anlage. Das wenige Gestrüpp, das auf der Plaza überlebt hat, spendet keinen Schatten mehr. Wem auch? Abgesehen von ein paar Touristen wie uns. Es ist Tag 3 nach unserem Aufbruch in Valparaiso, und wir wollen heute unbedingt noch die sagenhafte Wüstenoase San Pedro de Atacama erreichen. Nach einem Tankstopp in der "Männerstadt" Calama (die nahegelegene größte Kupfermine der Welt braucht Arbeiter) legen wir die letzten 100 km zurück, bis die majestätische Andenkette bestehend aus Vulkanen, aufgereiht wie an einer Perlenkette, vor uns auftaucht. Kurz darauf kommt San Pedro in Sicht, ein magischer Ort.

DIE STILLE DER WÜSTE, SAN PEDRO DE ATACAMA 10.-12.9.2018

Ich sitze auf einem Berg der berühmten Salzkordilliere Valle de la Luna, ein wirklich guter Platz, um den 50. Geburtstag bei Sonnenuntergang ausklingen zu lassen. Das Gestern leuchtet in allen Farben der Erde und der Blick auf den über 6000 m hohen Vulkan Licancabur ist unbeschreiblich beeindruckend.

San Pedro ist ein Ort von einer anderen Welt, so schön ist das Dorf mit seinen einfachen Lehmbauten, gelegen in der wohl verrücktesten Landschaft, die wir je gesehen haben. Innerhalb kürzester Zeit reist man von hier auf den Mond, ins Valle de la Luna, oder aber auf den Mars, ins Valle de Marte. Dann bietet sich auch noch die Salzwüste an, mit dem Farbenspiel der Lagunen und den Flamingos. Eine Reise zum Mittelpunkt der Erde ist ebenfalls möglich, denn es gibt Geysire, brodelnde Schlammtöpfe und Thermalquellen. Nicht zu vergessen das Regenbogental, viele archäologische Fundstätten und die bezaubernden Oasendörfer der Atacamenos, die unberührt von den Ausländern, die diese Region bereisen, ihre Traditionen pflegen. Alle Naturwunder auf dem sogenannten Altiplano werden von den indigenen

Gruppen verwaltet, so dass der Tourismus auch für die Atacamenos heute eine zentrale Rolle spielt und sie davon profitieren. Das, was in der Wüste zahlreich lebt, sind Touristen aus aller Welt, die erst einmal mit der Höhenlage kämpfen und dann auch noch gewaltige Temperaturunterschiede unbeschadet überstehen müssen: Tagsüber 25-30 Grad Celsius, nachts fällt das Thermometer gerne mal auf Minusgrade (im Winter). Sobald die Sonne untergeht regiert die Wollmütze. Im Sommer sind 45 Grad Celsius Tagestemperatur keine Seltenheit und so bin ich froh, dass wir im Winter da sind! Zu dieser Jahreszeit ist es sehr trocken und es sind weniger Touristen in San Pedro. Aber man hat sowieso nicht den Eindruck, dass das Multi-Kulti Dörfchen (derzeit 5000 Einwohner) unter dem Besucheransturm leidet, zu groß ist die Weite der Natur rundherum.

Heute, am 10.9. lassen wir uns Zeit, frühstücken gemütlich im Hostal Pueblo de Tierra und schlendern durchs Dorf. Abends entscheiden wir uns dann für das Highlight von San Pedro – den Sonnenuntergang im Valle de la Luna. Man kann sich sehr alleine fühlen in dieser Welt aus Stein und Sand. Mehrfach denken Nele und ich darüber nach wann und wo wir noch eine große Geburtstagsparty steigen lassen, wenn wir wieder zurück sind – aber zu Hause ist noch so weit weg. Alkoholkonsum verträgt sich nicht mit dem Aufenthalt in Höhenlagen, dennoch stoßen wir am Abend mit einem Pisco Sour an, dem chilenischen Nationalgetränk, angerührt aus Traubenschnaps, Zitronensaft und Ei. Normalerweise beschränkt man sich auf viel Wasser und – anderswo verboten – Koka-Tee. Der soll helfen, wenn man hoch hinaus möchte. Am 13.9. wollen wir hoffentlich ausreichend akklimatisiert über den 4800 m hohen Andenpass Paso de Jama nach Argentinien fahren. Der ist zwar gut ausgebaut, aber wir kämpfen immer noch mit der dünnen Luft (leichte Kopfschmerzen, trockene Schleimhäute, Müdigkeit). Mal eben den Ortspolizisten gefragt, ob der Pass offen ist und was wir beachten sollen, rät er uns zu viel Wasser und Schokolade. "Wenn jemand schlapp macht, dann nicht das Auto, sondern ihr", sind seine Worte. Tags darauf fahren wir bei tiefblauem Himmel zu den Flamingos in der Laguna Chaxa. Am Morgen spiegeln sich die Vögel eindrucksvoll in den Wasserflächen des Salzsees. Drei verschiedene Flamingo-Arten sind hier im Winter zu beobachten. Besonders schön sind die chilenischen Flamingos, wenn sie sich im Kreis drehen und mit ihrem Schnabel im Matsch nach Nahrung suchen. Sie tanzen dabei durch den See, wie Eiskunstläufer auf spiegelglatter Eisfläche. Auf dem Weg zur Lagune bleiben wir zufällig im Andendörfchen Toconao hängen. Morgens und abends kommen hier die Tour-Minibusse vorbei, aber während der Mittagszeit scheinen die Atacamenos unter sich zu sein. Auf der Plaza mit schönem Glockenturm feiern sie ein Gemeindefest und wir dürfen gerne dabei sein. Der Kindergarten stellt sich vor, es werden traditionelle Taschentuchtänze vorgeführt, bei dem das weiße Stöffchen eine ganz besondere Bedeutung hat: Der Empfänger des Tuches wird zum Tanzen aufgefordert. Es sind wirklich sehr hübsche, entspannte Gesichter, in die wir blicken. Der Ort hat auch einen sehr farbenfrohen Friedhof vorzuweisen, zweckmäßig gelegen neben dem nagelneuen Fußballplatz.

Die Andenüberquerung rückt immer näher, uns ist dabei etwas mulmig und wir decken uns heute schon mal mit Wasser und Benzin ein und nehmen die Schotterpiste zu der Laguna Escondida de Baltinache, ein Geheimtipp und gute Alternative zu der am häufigsten besuchten Laguna Cejar nahe San Pedro. In der Salzlagune kann man im Wasser schweben, allerdings nicht sehr lange, denn das Wasser ist sehr kalt. Wer nicht ins Wasser geht, wird mit einem tollen Blick auf die türkisblauen, klaren Tümpel mehr als belohnt. Das Salz knirscht uns unter den Füßen wie Schnee, als wir zur hintersten Lagune laufen. Und es ist klar, wer trotz Eiseskälte zuerst drin ist, Mika natürlich.

Was fasziniert mich am meisten in dieser wundersamen Landschaft? Die Stille. Es ist so still in der Weite der Wüste, dass man fast glaubt taub zu sein!

AM WENDEKREIS DES STEINBOCKS, 13.-15.9.2018

Die erste Andenüberquerung ist ohne Zweifel Highlight und Angstthema zugleich. Wir starten morgens um 9 in San Pedro mit Blick auf den Vulkan Licancabur. Imposant schraubt sich die Straße nach oben, für das Auto tatsächlich kein Problem. Wir hingegen merken die Luftveränderung recht schnell, zumindest Jan und ich spüren deutlich den geringen Sauerstoffgehalt der Luft. Es schnürt uns buchstäblich die Kehle zu. Der Paso de Jama, an dem wir die Grenze nach Argentinien überqueren, liegt auf 4200 m Höhe, allerdings sind bis dahin noch etwa 160 km in weitaus höheren Lagen zu überwinden. Andererseits, die Aussicht auf der Strecke ist wirklich sensationell. Wahlweise und kontinuierlich nippen wir an Koka-Tee und Wasser. Dazwischen gibt es die in Chile an jeder Ecke konsumierten Super 8 Schoko-Waffelriegel. Die Fahrt geht durch unglaublich farbenfrohe Landschaften, die wir nach Luft schnappend zügig passieren, lediglich unterbrochen von kurzen Foto- oder Pinkelstopps (denn auch die Blase scheint sich dem Luftdruck zu beugen und erzwingt häufige Pausen). Ich hätte nie gedacht, dass man den Höhenunterschied zu dem bereits 2400 m hoch gelegenen San Pedro de Atacama so stark körperlich spürt. Schließlich sind wir schon einigermaßen akklimatisiert. Gleichzeitig stelle ich mir vor, wie es wohl wäre einen der knapp 7000 m hohen Vulkane, die unseren Weg säumen, zu besteigen. Mal von der fehlenden Fitness abgesehen bräuchte ich wahrscheinlich mindestens 6 Monate Höhentraining. "Nicht ausmachen!" kann ich gerade noch kreischen, als Jan den Wagen mit Blick auf ein besonders schönes Panorama stoppt. Der Vermieter hatte uns vorgewarnt, dass ein Diesel-Motor bei zu geringem Sauerstoffgehalt mucken könnte: "Der Wagen geht dann in den Notfallmodus, die dafür verantwortliche Elektronik lässt sich nur in der Werkstatt wieder programmieren", sind seine Worte. Kann doch nicht sein, dass man mit diesem Monster von Auto nicht über die Anden kommt, denke ich. Nach ca. 180 Kilometern rollen wir erleichtert an die Grenzstation, um uns der bürokratischen Aus- und Einreiseprozedur nach Argentinien zu unterziehen. Dafür müssen wir raus aus dem Auto und 5 verschiedene Schalter mit Kontrollen passieren. Jan und ich kriechen atemlos zur Kontrolle Nr. 1 (Ausreise Chile) und hoffen auf eine schnelle Abfertigung. Direkt hinter den Schaltern entdecken wir die "enfermeria", den Krankenbereich. Beruhigend! Im Notfall-Modus kann auch ich hier Sauerstoff tanken! Wir haben die berechtigte Vermutung, dass wir viel höher unterwegs waren, während unserer vorangegangenen Fahrt. Derzeit sind wir auf 4200 m

Passhöhe und so nötigen wir Nele nachzufragen. "Der höchste Punkt der Strecke liegt auf ca. 5400 m", antwortet der Grenzpolizist trocken. Ich blicke nur kurz in Jans Gesicht, das plötzlich starr vor Schreck ist. Andererseits haben wir es ganz gut geschafft, und die nächsten 150 km werden wir die 4200 m hoffentlich nicht mehr überschreiten (bleiben aber noch einige Stunden ungefähr auf dieser Höhe). Dennoch gehen die Meinungen über die tatsächliche Höhe auseinander. Aus anderer Quelle hören wir von 4800 m, letztlich spielt das aber keine Rolle, denn niemand ist wirklich höhenkrank geworden. Wir fühlen uns lediglich ein bisschen schummrig und unsere Knie scheinen wir auch nicht mehr so ganz unter Kontrolle zu haben. Bei aller Schönheit der Landschaft sind wir erleichtert, als es nach zwei weiteren Stunden endlich abwärts geht, zuerst nach Purmamarca und dann weiter gen Norden in unsere Unterkunft in Huacalera, nur noch 2600 m hoch gelegen. Vorher passieren wir noch die faszinierenden Salinas Grande, ein gigantisches Gebiet aus Salz und Schneeweiß bis zum Horizont.

Um 17 Uhr erreichen wir müde die Unterkunft Solar del Tropico, direkt auf dem südlichen Wendekreis gelegen. Es ist eine Oase, die uns alle Strapazen der Fahrt sofort vergessen lässt. Der Hausherr ist Remy Rasse, ein französischer Künstler, der sich hier mitsamt Atelier und Gästehaus niedergelassen hat. Ich kann das verstehen, denn die Schlucht Quebrada de Humahuaca mit seinen vielfarbigen Bergen, den grünen Flusstälern und beschaulichen Indiodörfern ist wie aus einer anderen Welt. Majestätisch strecken sich überall die großen Kandelaber-Kakteen in die Höhe und schaffen das für diese Region charakteristische Landschaftsbild. Wie anders ist es hier als auf der anderen Seite der Anden. Schon sind wir wieder froh, die lange Fahrt durch die Berge auf uns genommen zu haben. Drei Tage wollen wir in der weltberühmten Schlucht bleiben, dann geht es weiter nach Salta und von dort wieder zurück über die Anden nach San Pedro und an Chiles Küste. Als einzige Übernachtungsgäste im gerade hereinbrechenden Frühling erwartet uns ein Verwöhnprogramm mit leckerem Abendessen im Solar del Tropico, zubereitet von Margarita aus der Schweiz. Sie hütet Haus, Hof und Gäste, denn die Besitzer gönnen sich gerade eine Auszeit in Frankreich. Mika hat Spaß an den Hofhunden, wir bekommen geheime Ausflugstipps für die nächsten 2 Tage zu Wandmalereien der Inka und deren Wohnstätten, die in keinem Reiseführer stehen und die man nur mit Umsicht und Respekt besuchen sollte. Man kann sich an den verschiedenen Gesteinsformationen gar nicht satt sehen, sie schimmern in allen Farben und ganz besonders schön am Morgen und am Abend. Bis zur bolivianischen Grenze steigt das Tal kontinuierlich an. Daher beginnen wir unsere Tour am nächsten Morgen am tiefsten Punkt, in Purmamarca auf 2200 m. Danach geht es 23 km talaufwärts zur Pukara von Tilcara, einer präkolumbischen Inka-Festung, die in den 50er Jahren rekonstruiert wurde. Man hat von hier einen fantastischen Rundblick über das Tal und auf viele, uns mehrfach überragende Kakteen. Zum Abschluss des Tages schlendern wir über die mit Souvenirs und Kunsthandwerk gut bestückte Plaza. Es ist erstaunlich, wie günstig hier alles ist. Aber wir sind erschlagen vom Angebot und müssen uns ja sowieso auf wenig Gepäck beschränken. Die bolivianische Grenze ist nah und so kommen allerlei Kunsthandwerk und Strickwaren, die neue Besitzer finden möchten, günstig nach Argentinien. Weiter talaufwärts bei Humahuaca stößt man immer wieder auf die für diese Region charakteristischen vielfarbigen Berge. Dazwischen flache, staubige Dörfchen mit allerhand lustigen Traditionen. So ziehen ganze Sippschaften mit immer der gleichen Blasmusik durch die Straßen und präsentieren ihre geheimsten Wünsche auf Holstecken, oder – die moderne Variante – drapieren das Wunschkonzert auf dem Auto. Kleine Plastikautos zieren die Holzstecken, auf einem Autodach sehen wir einen Autotransporter aus Plastik, viele Geldscheine sind auch dabei. Besonders häufig sieht man auch Plüschtiere (die vermutlich auf einen Kinderwunsch hindeuten?), Kochtöpfe habe ich auch gesichtet... wünscht sich da vielleicht jemand eine neue Küche? Es sind jedenfalls immer sehr irdische Sehnsüchte, die die Menschen vor sich hertragen. Eine verrückte Karawane pilgert fröhlich in Richtung Salta. Dort angekommen hofft man dann, dass die illustrierten Wünsche in Erfüllung gehen.

Am nächsten Tag fällt uns noch ein weiteres interessantes Detail auf: "Dios es Amor" steht in großen Lettern auf dem Weltkulturerbe-Felsen gegenüber. Während bei uns zu Hause

Sprüche wie "dei Mudda stinkt" oder ähnlicher Schwachsinn die Fußgängerzone zieren, sind es hier ausnahmslos christliche Botschaften im Graffitikleid. Mit einer Ausnahme: Ein paar Kilometer weiter ist plötzlich jeder eingemauerte Wasserbehälter auf dem Dach mit dem Konterfei von Che Guevara verziert. Und dann begegnen wir noch ständig zwei weiteren, innig verehrten Helden: Gaucho Gil, der Schutzheilige der Auto-, Bus-, und Lastwagenfahrer. Ihm zu Ehren werden Altare mit roten Fahnen am Straßenrand aufgestellt. Und nicht zu vergessen die Pachamama, der Wasser- und Weinflaschen gereicht werden. Dazu stellt man die Gefäße umgedreht und aufrecht in den Boden. Durch Zufall stranden wir bei einer Kunsthandwerkskooperative, die wirklich schöne handgestrickte Einzelstücke aus Alpaka verkauft, nebst wunderschönem Schmuck, geschmiedeten Messern, Decken u.v.m. Der Besitzer erklärt uns ganz genau, wie sich seine Ware von den Billigprodukte aus Peru und Bolivien unterscheidet und natürlich gehen wir nicht ohne einen 100% Alpakaschal, ohne Synthetik, aus dem Laden. Weiter talaufwärts hinter Huamahuaca soll es Petroglyphen der Inka geben. Die in Stein geritzten Schriftzeichen der Inka sind wohl nur für wenige Touristen von Interesse und daher schwer auffindbar. Wir nehmen eine beliebige Abbiegung von der Straße und Nele fragt eine alte Bäuerin. Mit deren Beschreibung finden wir tatsächlich die mutmaßliche Stelle, von der wir loslaufen. Der schmale Trampelpfad führt mitten durch die Puna in einen ausgetrockneten Flusslauf. Dann wird es schwierig, denn Fußspuren führen in alle Richtungen. Nach einer Weile atemlosen Herumstolperns, wir sind schon wieder auf über 3500 m Höhe, entdecken wir die Schriftzeichen und sind fassungslos – es sind viele Jagdszenen und Tiere deutlich zu sehen. Umso erstaunlicher, dass bis auf eine kleine Mauer zum Schutz vor dem Wasser niemand dieses kulturhistorische Denkmal schützt. Die ersten Wandbeschmierer sind auch schon am Werk gewesen (F + P 85) und im unteren Bereich sind die Steinplatten zwecks Selbstbedienung abgeschlagen. Sollen wir noch weiter hoch? Es ist zwar ein bisschen bewölkt, aber ein Aussichtspunkt auf 4350 m Höhe verspricht einen Ausblick auf eine fantastische 9-farbige Bergkette. Der letzte Programmpunkt am heutigen Tag fordert mal wieder unsere roten Blutkörperchen. Als wir am Abend müde und staubig nach Hause kommen, sind die stimmungsvollen Bilder der Berge immer noch in unseren Gedanken. Heute werden wir noch einmal mit schweizerisch-chilenischer Hausmannskost gefüttert, morgen geht es dann weiter nach Salta, mit 1100 m endlich Tiefland. Wir sind dann wieder mal Selbstversorger, auf uns wartet eine kleine, über AirBNB gemietete Finca im Süden von Salta.

DER GLÜCKLICHE FINDER, 16.-19.9.2018

Heute sind es nur etwa 200 km nach Salta, daher wandern wir am Morgen noch in ein Tal in der Nähe von Huacalera, wo es noch Reste einer früheren Inkasiedlung geben soll. In der Hand haben wir eine handgemalte Skizze, die uns den Weg zeigen soll. Irgendwann schrabbelt das Auto über hohes Gestrüpp und es gilt große Steine zu umfahren. Am Rande eines Flussbetts ist dann endgültig Schluss. Weiter geht es nur noch zu Fuß, auf der Suche nach Spuren. Plötzlich taucht ein böse bellender Hund vor uns auf. Als wir langsam zurücklaufen, kommt der Besitzer auf uns zu. Nele fragt nach dem Weg, er sieht uns an, zeigt auf ein Hochplateau, das wir längst passiert haben und sagt: "Aber fragt die Ahnen, bevor ihr eintretet!". Mit seiner Hilfe finden wir den richtigen Trampelpfad und stehen unschlüssig am Rande der Ruinen – bis Mika dann einfach die Ahnen fragt: "Hey Ahnen, dürfen wir rein?". Ein böiger Wind umspielt unsere Haare, die uralten Kandelaber-Kakteen wiegen sich im Wind und wir haben das unbestimmte Gefühl, nicht allein zu sein! Keine paar Meter gelaufen ist der Boden von Keramikbruchstücken aus dem Hausrat der Inka übersät, sie müssen zwischen 800 und 500 Jahre alt sein! Obwohl wir nicht die ersten Besucher hier sind, was man an den Fuß- und Tierspuren eindeutig erkennen kann, sind noch viele Zeichen der ehemaligen Siedlung finden. An einigen Stellen liegen sogar bemalte kleine Tonstücke herum. "Ich habe etwas Interessantes gefunden", ruft Mika plötzlich. Er möchte nicht erzählen, was es ist. Das soll eine Überraschung für zu Hause sein. Ganz sicher ist es ein sensationeller Fund für einen 10-jährigen Jungen! In Salta wollen wir ins archäologische Museum und der Sache auf den Grund gehen.

Der Weg nach Salta zieht sich in die Länge, denn wir bleiben auf der, laut Karte, direkten Verbindung, der RN 9. Direkt heißt, dass wir eine sehr enge Serpentinen-Straße nehmen, die zwar durch ein wunderschönes Gebirge führt, aber nie zu enden scheint. Eines ist hier unübersehbar, der Frühling! Viele Bäume sind noch ohne Laub, aber Blüten sind schon überall. Als wir endlich unsere kleine Finca südlich von Salta erreichen, ist es schon angenehm warm. Wir wohnen bei einem pensionierten Tabakbauern, dessen Wohnhaus mit Fußballfeld, Volleyballplatz und Schwimmbad auf zahlreiche Enkel schließen lässt. Ein richtiger argentinischer Familien-Clan der heute, am Sonntag, im Haus des Padre zusammenkommt. Später, beim Plausch am Feldrand, erfahren wir, dass Esteban, der Sohn dessen Finca wir bewohnen, früher mal Profifußballer war und drei Jahre in Spanien bei La Coruna gespielt hat. Das erklärt das überdimensionale Fußballfeld vor dem Haus.

Am nächsten Morgen fahren wir nach Salta und schlendern durch die historische Innenstadt. Sie ist schön, wenn auch nicht perfekt restauriert, aber das macht die Stadt sympathisch. "Alle wollen nach Salta", haben wir im Vorfeld oft von anderen Reisenden gehört. Salta verfügt über eine Vielzahl historischer Bauten aus der Kolonialzeit. Man kann dort wunderbar durch die Straßen schlendern, Empanadas essen und das städtische Leben beobachten. Uns fällt aber auch auf, wie schlecht die wirtschaftliche Situation im Vergleich zu 2015, als wir schon einmal in Argentinien waren, immer noch ist. Der Pesos verliert mehr und mehr an Wert. Für uns ist das gut, denn nirgendwo sonst leben wir so günstig wie hier. Für die Menschen in Argentinien ist es aber eine harte Zeit. Am Morgen bilden sich lange Schlangen vor den Banken und den Geldautomaten. Letztere sind am Nachmittag bereits leer, überhaupt ist die Stadt zwischen 12.30 Uhr und 17 Uhr wie ausgestorben. Die Bargeldbeschaffung ist scheinbar ein dauerhaftes Problem, denn viele Produkte werden bei Barzahlung billiger angeboten als bei Benutzung einer "tarjeta" (Kreditkarte). Und wir zehren die 4 Tage von den umgerechnet 200 USD, die wir bei der Einreise aus dem Automaten geholt haben. Ein Mittagessen für uns 4 kostet nur 15 Euro, der Einkauf im Supermarkt ist um ein Vielfaches günstiger als in Chile. Wir haben unsere kleine Finca über AirBNB gemietet, um ein bisschen auszuspannen und nicht zu viel zu unternehmen.

Mika hat auch in den Ferien schon für die Schule gelernt, trotzdem hat er hier mehr Zeit und Muße für seine Aufgaben. Nele möchte einfach mal entspannen und übt Mathe mit Mika, der sich von seiner großen Schwester prächtig motivieren lässt. Ansonsten verbringen wir die meiste Zeit damit, wenig zu tun und die nähere Umgebung zu erkunden. Am zweiten Tag schlendern wir über die ehemaligen Tabakfelder der Finca, klönen mal wieder mit dem Padre (Esteban's Vater) und lassen die Zeit ohne viel Sightseeing verstreichen. Abends erwarten wir noch einen unbekannten Gast, Martine, eine argentinische Freundin von Margarita, die uns ein kleines Bild von Remy Rasse vorbeibringt, El Minotauro, wir haben es gekauft und werden es mit nach Deutschland nehmen. Das archäologische Museum im Zentrum von Salta ist vor allem bekannt wegen seiner Kinder-Opfer Mumien. Drei der Kinder wurden am Fuße des Vulkans Llullaillaco in 6700 m Höhe auf dem Gipfel gefunden. Das Museum ist fast ausschließlich den Mumien gewidmet, wir aber hatten gehofft, noch etwas mehr über die Inka zu erfahren. Außerdem ist es nicht leicht, sich das Schicksal der Kinder vor Augen zu führen. Sie stammten aus angesehenen Familien, wurden vor der Opferung feierlich geehrt, dann mit Coca und Alkohol betrunken gemacht und anschließend vermutlich lebendig begraben. Diese Kinderopfer waren im Inkareich weit verbreitet. Es ist jeweils immer nur eines der 3 Kinder im Museum zu sehen. Bei uns ist es ein 7-jährige Mädchen, das zum Greifen nahe in einer sorgsam isolierten Plexiglasröhre kauert, ein sehr beklemmender Anblick, der den Besuchern die Tränen in die Augen treibt.

Am Abend packen wir wieder unsere Sachen und kaufen viel Wasser und Schokolade. Für die morgige Andenüberquerung zurück nach Chile werden wir 10-12 Stunden brauchen. Außerdem geht es wieder hoch hinaus. Nach langem hin und her haben wir uns für die bekannte Route über den Paso de Jama entschieden. Sie ist zwar um einiges länger im Vergleich zum weiter südlich gelegenen Paso de Sico, aber dafür durchgehend asphaltiert und schneefrei. Unser Ziel ist wieder San Pedro de Atacama. Dort gibt es immer noch einiges zu entdecken.

HIGHWAY TO HELL, 20.-21.9.2018

Süßkram essen ohne Pause und schlechtes Gewissen. Die zweite Andenüberquerung wird mit professioneller Hilfe aus dem Internet geplant und durchgeführt. Wir wollen von Salta bis San Pedro in einem Tag, das sind mal wieder 8 Stunden reine Fahrtzeit, davon mehrere 100 km in 4000 – 4800 m Höhe. Nach 3 Stunden ist die erste 200 g Tafel Milka mit Mandeln bereits vertilgt, dabei sind wir erst in Purmamarca, gerade mal 2400 m hoch gelegen. Außerdem haben wir 12 Liter Wasser dabei, jedem von uns klemmt eine 1,5 l Flasche zwischen den Knien. Das wichtigste in großer Höhe sind viel Wasser und Kohlenhydrate, denn der Körper verbraucht in der Höhe viel mehr Kalorien. Jetzt kann man ruhig ungezügelt Schokolade essen, so die Stimme aus dem Internet. Na ja, ich glaube es ging in dem Artikel darum, die Anden mit dem Fahrrad zu überqueren! Geholfen hat es trotzdem, denn diesmal können wir die Fahrt regelrecht genießen – und sogar in 4150 m Höhe noch ausgiebig Souvenirs bei den Indios einkaufen, die dort bei Wind und Kälte ausharren.

Los geht es um 7:30 Uhr in Salta. Bis wir aus der Stadt raus sind, ist schon bald 1 Stunde vorbei und der Stresspegel der Fahrerin (mir) entsprechend hoch. Salta hat mit ca. 550.000 Einwohnern ein hohes Verkehrsaufkommen. Dazu kommt die extrem offensive Fahrweise der Argentinier. Der Stärkere überlebt, gilt hier insbesondere für die Straße. Ich bin froh, als wir unseren Toyota endlich auf der richtigen Asphaltpiste Richtung Norden wähnen. Hier gilt es dann im Minutentakt antiquierte, überladene Lastkraftwagen zu überholen. Wichtig dabei ist, vorher zu schauen, ob man nicht selbst gerade überholt wird. In der Peripherie von Großstädten merken wir dann auch schnell, wie es um das Wohl der Nation steht. Auch wenn Argentinien ein scheinbar reiches Land ist, fehlt es an allen Ecken und Enden. Überall liegt Müll herum (ein Supermarkt-Einkauf ohne 10 Plastiktüten ist hier undenkbar) und selbst die größeren Landstraßen sind in einem bemitleidenswerten Zustand. Die Regierung Kirchner hat in den vergangenen Jahren viel Schäden angerichtet und offensichtlich hemmungslos in die eigene Tasche gewirtschaftet. Eine Reise nach Europa kann sich selbst unser Finca-Besitzer aktuell nicht leisten. Der argentinische Peso hat einfach zu viel an Wert verloren. Am Paso de Jama ist nichts los – als wir die Grenzstation gegen 15 Uhr erreichen, wird gerade das Gepäck einer chilenischen Familie sorgfältig zerlegt. Wir haben so dies und das dabei und wissen nicht genau, ob die Chilenen wirklich nur nach Organischem, dem berühmten Apfel, suchen (den hatten wir noch schnell aufgegessen, ein belegtes Brötchen lasse ich in der Mülltüte verschwinden). Vor der Gepäckkontrolle müssen wir noch die üblichen 5 Schalter mit Stempel-Laufzettel passieren. Vorbildlich haben wir 4 Zollerklärungen vorab ausgefüllt, damit es nicht so lange dauert. Die Zollerklärung von Mika wird trotzdem nicht akzeptiert, denn "El Ninjo" muss bei einem von uns dokumentiert werden. Kurzerhand wird der Zettel zerrissen und wir aufgefordert, einen neuen auszufüllen. Kein Problem, denke ich, und ziehe schwungvoll die Kappe von meinem Stabilo-Tintenroller ab. Sofort ergießt sich ein Schwall bester schwarzer Tinte über uns und den Tresen. Das Beamten-Trio hinter der Glasscheibe schaut kurz von der im Fernsehen laufenden Sitcom auf, lacht und schiebt uns etwas Schreibpapier durch die Luke. Ich entsorge damit den höhenkranken Stift und bitte um einen Kugelschreiber, der erst bei den Argentiniern von Schalter 2 geliehen werden muss. Wild gesprenkelt schwanken wir zum Wagen, um unser Gepäck durchwühlen zu lassen. Ein Glück, dass sich keiner der Herren so gern von der Sitcom trennen mag. Neles Spanisch reicht aus, um die Diskussion wer jetzt geht, mitzuerleben. Schließlich stülpt sich einer die Plastik-Handschuhe über und macht sich grummelnd ans Werk. Auch diesmal dürfen wir passieren, ohne unsere Nahrungsmittel-Vorräte opfern zu müssen. Nun geht es weiter auf dem Highway to Hell, dem unbestreitbar wildesten und steilsten letzten Drittel auf dem Weg nach San Pedro. Schwarze Gesteinsbrocken säumen den Weg, wir sind umgeben von Vulkankratern, die von dieser Seite aus schon wieder ganz anders aussehen. Als wir beim Licancabur Vulkan nach San Pedro hinunterfahren, verstehen wir auch, warum uns der Hinweg so zugesetzt hat. Es ist als würde man in einer Seilbahn mit sehr hohem Tempo einfach mal 2500 Höhenmeter zurücklegen. Wir sind froh, noch einmal in San Pedro zu sein, zum Entspannen, durch den Ort schlendern und die Stimmung auf uns wirken lassen. Die Kirche aus Lehm und Kaktusholzdach und die Plaza sind besonders schön. Wir haben eine neue Herberge, die Zimmer im Tierra del Pueblo waren leider alle schon ausgebucht. Am Morgen besuchen wir eine ehemalige Lehmhüttensiedlung aus der Zeit von 800 v. – 500 n.Chr. Leider kann man nicht mehr so viel erkennen, aber zwei der Hütten wurden rekonstruiert. Alle Öffnungen zeigen auf den Vulkan Licancabur, denn dieser war die Quelle des Lebens, weil die dahinter liegende Lagune im Gebirge das Wasser brachte. Nachmittags kümmern sich Nele und ich mal wieder um die Bargeldbeschaffung, während Jan und Mika auf Museumstour gehen. Das Meteoritenmuseum zeigt eine beeindruckende Sammlung von Gesteinen, die hier in der Region niedergingen. Auf der Strecke am Vortag (in der Hölle) soll es sogar einen Einschlagkrater geben. Außerdem verfügt San Pedro über eine beeindruckende Sammlung archäologischer Artefakte, die der Pfarrer El Paige über Jahre zusammengetragen hat. Nachdem er verstorben war, ging die umfangreiche Ausstellung an die katholische Universität. Überhaupt ist es unglaublich, wie früh das Gebiet von Menschen besiedelt wurde, denn man kann sich kaum vorstellen, dass bereits vor 10.000 Jahren Lama-Karawanen durch die Wüste zogen und Handel trieben. Das Museum Le Paige kann dies anhand von vielen Exponaten anschaulich illustrieren. Der Abend bricht an. Was wäre unsere Reise nach San Pedro, ohne einen letzten 360 Grad Blick auf die Vulkane, die Oasen und das Valle de la Luna zu werfen – natürlich bei Sonnenuntergang.

Nun reisen wir zurück Richtung Santiago de Chile, denn es ist Halbzeitpause. Immer an der wilden, chilenische Küste entlang, interessieren uns die zahlreichen Küsten-Nationalparks.

DIE KARAWANE ZIEHT WEITER, 22.-25.9.2018

Wie schwer fällt es uns San Pedro zu verlassen, obwohl wir sicher mehr Zeit hier verbracht haben als ein Durchschnittstourist. Es gibt immer noch mehr zu entdecken. Nach dem Besuch der archäologischen Sammlung vom Pater Le Paige, wollen wir auch noch die Petroglyphen von Yerbas Buenas sehen, sie liegen mehr oder weniger auf dem Weg, wenn wir die Hochebene von San Pedro in Richtung

Pazifikküste verlassen. Das Alter der in den Stein geritzten Figuren ist unklar, die Lamas, die Schamanen, der Affe oder der doppelköpfige Drache..., aber die beeindruckenden Abbildungen eingeritzt in den roten Fels der Wüste sind ganz sicher aus der Steinzeit. Eigentlich sollte es nun zügig weitergehen, aber wir können uns nicht trennen und fahren doch noch ins farbenfrohe Valle Arco Iris (das Regenbogental). Wie müssen sich Geologen fühlen, wenn sie dieses Tal sehen? Unser Reiseführer hat bei der Beschreibung des Tals wirklich untertrieben, oder der Autor war selbst nie da. Weitere 500 km durch staubiges, karges Wüstengebiet mit erschreckend großen Kupferminen trennen uns von der chilenischen Küste. Weil uns der morbide Charme von Taltal so gut gefallen hat, ist es zum wiederholten Mal Übernachtungsziel und Zwischenstopp zugleich. Außerdem günstig, denn ich habe 4 Betten im Schlafsaal reserviert (wohlwissend, dass der Schlafsaal nur 4 Betten hat). Der Ort verfügt über ein ausgeklügeltes System von Einbahnstraßen, so dass man, wenn die richtige Straße gefunden ist, in diese auch noch in der richtigen Richtung einfahren muss, um schlussendlich die gesuchte Hausnummer ordnungsgemäß zu erreichen. Kontinuierlich kreist dabei die örtliche Polizei mit grünen und roten Blinklichtern durch die Straßen, immer bereit, den Sünder zu verwarnen. Unser Hostal ist ok für eine Nacht und hat einen unschlagbaren Vorteil: die Gemeinschaftsküche, die wir als einzige Gemeinschaft an diesem Abend gerne in Beschlag nehmen. Es gibt Nudeln mit Tomatensoße "home made", dazu ein kaltes Bier. Seit langem sind wir mal wieder auf Meeresspiegel-Niveau, aufgeputscht mit Sauerstoff im Überfluss und gierig auf ein kühles Bier, das wir uns in der Höhe untersagt haben.

1.39 Uhr: Eine 12-köpfige Großfamilie mit 2 Hunden fällt in unser Hostel ein, nachdem sie eine halbe Stunde vor der Tür lautstark auf Einlass gewartet haben. Das Kind von vielleicht 4 Jahren ist glockenwach und kommentiert auskunftsfreudig die Ankunft, ein Hund schnüffelt geräuschvoll an unserer Tür, "hoffentlich klaut er nicht unsere Brötchen, die schon für das Frühstück in der Küche bereitliegen", schießt es mir in den Kopf, traue mich aber nicht, hinaus zu gehen. Dann folgen nochmal 30 Minuten wenig einfühlsames Ausräumen von Gepäck durch den Flur vor unserer Tür, immer wieder unterbrochen von "pst, pst" (bringt nichts) und "huit huit" (Mehrfach-Testreihe, ob das Auto wirklich verschlossen ist). Zum Schluss wird noch die Funktionsweise des Lichtschalters genauestens ergründet, unser Zimmer verfügt über diese herrlich alten Glas-Kassettentüren.

2.16 Uhr, es ist schlagartig ruhig.

Wir sind in Südamerika, hier regiert die Großfamilie, hier sind die Wände aus dünnem Holz und die Dächer aus Wellblech, hier klemmt jede Tür, hier läuft immer der Fernseher, blitzsauber ist es selten (nicht schlimm), es gibt in jeder Straße mindestens einen Tante Emma Laden, jeder kauft und verkauft (am liebsten Empanadas con Queso) und die Hundewelt hat ihre eigenen Gesetze. Wenn ich ein zweites Leben hätte, würde ich mich darauf einlassen – allerdings mit der Option, notfalls nach Deutschland auszuwandern.

2.32 Uhr. Fassungslos liege ich im Bett und merke, dass ich die Einzige bin, die das Erdbeben bemerkt. Wir haben einen Metallspint im Zimmer und der wackelt ganz beachtlich. Meine Hinweise in den Raum verhallen im Nichts, denn Mika schläft fest und Nele und Jan haben sich die Gehörgänge mit Ohropax zubetoniert. Chile wackelt anders als Costa Rica und bevor ich mich richtig aufregen kann, ist der Spuk auch schon vorüber. Bei volcanydiscovery.com wird das Beben nur wenige Minuten später mit der Stärke 5,4 gemeldet, das Epizentrum liegt ganz in der Nähe bei Antofagasta. Es folgen noch 4 weitere, leichte Beben, die ich todmüde einfach verschlafe.

Früh morgens um 6.39 Uhr bereitet dann eine kleine deutsche Familie ihr Frühstück zu- und ihre Abreise geräuschvoll vor.

Wir cruisen ein letztes Mal müde durch das Einbahnstraßen-Gewirr des Ortes. Taltal hat was, ein paar bunte Häuser und Boote vor düsterer Kulisse, die große Plaza und die historischen Gebäude, die noch den Duft der die Goldgräber-

Stimmung von vor über hundert Jahren verströmen. Der südlich von Taltal gelegene Playa de Cifuncho ist laut Reiseführer einer der schönsten Strände Nordchiles. Auf dem Weg dorthin häufen sich mal wieder die Mahnmale des Bauarbeiters, oder des Minenarbeiters. Gerne werden auch die Kreuze der Verunglückten mitsamt Hausrat und Fahrzeug zum Gedenken an Straßenrand aufgestellt, meist findet man auch noch ein paar leere Stühle, falls die Lieben zu Besuch kommen möchten. Da darf natürlich die Kirche mit ihren Heiligen nicht fehlen. Es sind die einzigen farbenfrohen Flecken in der tristen Wüstenlandschaft. Dann zieht unsere Karawane weiter zum Nationalpark Pan de Azucar, der für seinen Kakteen-Artenreichtum bekannt ist. Am Strand gibt es Empanadas für gestrandete Wochenend-Ausflügler „con Loco" und „Marisco". Die müssen wir probieren, auch wenn die Bretterbuden auf den ersten Blick wenig einladend wirken. Wir sind hier Exoten, das ist schnell klar, andererseits haben wir gerade deswegen Narrenfreiheit und sind von besonderem Interesse. Erst nach dem Verzehr fragt Nele, was Loco eigentlich ist. Daraufhin zeigt uns die Bretterbudenbesitzerin eine Muschel, die an eine Schlumpfmütze erinnert und spendiert eine gratis Kostprobe mit Mayo. Eigentlich ist Küste und Meer immer toll, aber hier liegt ständig Nebel über der Küste, der nie Regen bringt. Düster und gespenstisch wirkt die menschenleere Landschaft, alles aus Sand, Steinen und Wasser. Grün sucht man vergeblich. Dafür scheinen wir ganz allein in dieser Welt zu sein. Auch schön!

Auf unserem Weg nach Süden verbringen wir die nächste Nacht in Chanaral. Ein vielversprechender Name, aber ein wenig attraktiver Ort mit schwerem Schicksal und viel Industrie. Die Verwüstungen eines Tsunami von 2015 sind immer noch sichtbar, das Wasser hatte damals den halben Ort zerstört. Außerdem wurden hier jahrzehntelang Minen-Abwässer ins Meer gespült, daher ist alles mit Arsen verseucht. Um der Tristesse zu entgehen, haben wir das beste Hotel im Ort gebucht, immer noch preisgünstig und direkt an der Nationalstraße gelegen. "Wie kann man nur hier leben", frage ich mich gerade, dann ertönt eine Sirene. Da wir in einer Tsunami-Zone sind, geht Nele vorsichtshalber nachfragen. "Zweimal heißt Unfall" bekommt sie zu hören, kurz darauf rücken die freiwilligen "Bomberos" aus. Dann fällt der Strom aus, totale Dunkelheit umschließt uns. "Jeden Tag was Neues", meint Jan trocken. Am Morgen beim Frühstück starren wir gebannt auf den Fernseher. Dort kommentiert der chilenische Yangar Rogeshwar im Morgenmagazin ausführlich die 5 Beben vom Vortag, einen Vulkanausbruch (wo, können wir nicht feststellen), einen Tornado in Kanada und einen nahenden Taifun in Asien. Die Häufung der Konjunktive in seinen Schilderungen lässt auf Sensationsjournalismus schließen, auch wenn wir nicht alles verstehen. Der Geologica prognostiziert schließlich noch ein schweres Erdbeben zwischen Caldera und Huasco – da wollen wir heute hin.

Schnell erreichen wir Caldera und den beschaulichen Badeort Bahia Inglesa. Dort befindet sich ein für diese Region untypisch lieblicher Strand, mit weißem Sand, türkisblauer Farbe – und eiskaltem Wasser. Im Sommer ist Bahia Inglesa ein Badeort wie aus dem Bilderbuch, jetzt, im Frühling, verirren sich nur ein paar Hartgesottene hierher. Die Restaurants sind verrammelt, immerhin, ein Kiosk versorgt uns mit heißem Nescafé und zwei reisende "Artesanos" haben ihre Stände aufgebaut, in der Hoffnung, doch noch ein paar Pesos zu verdienen. Silber und Steine sind hier reichlich zu haben, wir kommen ins Gespräch und versorgen uns mal wieder mit reizenden Souvenirs (Schmuck passt ja immer noch in irgendeine Tasche).

Beim Einkauf erfahren wir von einem paläontologischen Kleinod auf der anderen Seite der Bucht. Das Gebiet von Caldera ist weltbekannt für seine Fossilien, nur ist es noch wenig erschlossen. In Folge von Vulkanausbrüchen liegen hier gleich mehrere Erdzeitalter gemeinsam in relativ dünnen Bodenschichten. Man findet Skelette von urzeitlichen Wirbeltieren wie Walen und Pinguinen, außerdem Schwertfische, aber auch Dinosaurier. All dies wird erst jetzt erforscht, denn Chile hat keine eigenen Paläontologen, die ersten 6 werden gerade ausgebildet. Entdeckt wurde das Gebiet 1996, von einem Italiener.

Wir sind allein, als wir den Parkplatz der umzäunten Anlage erreichen. Ein älterer Herr harrt in einer Holzhütte aus und bietet uns bereitwillig eine Führung an. Die besten Fundstücke sind ins Museum in Caldera gewandert, aber es ist noch reichlich da. Wir stolpern quasi durch einen Urzeit-Friedhof. Ein Stück weiter, immer an der Küste entlang, gibt es herrliche Strände und immer mal wieder eine Flussoase, die der Landschaft ein neues Gesicht verleiht. Am Nachmittag schafft es dann auch die Sonne, sich durch den Küstennebel zu kämpfen. Später kehren wir der Küste den Rücken und fahren nach Copiapó. Den meisten ist der Ort ein Begriff wegen des Grubenunglücks 2010, bei dem 33 Bergarbeiter monatelang unter Tage ausharren mussten, bis sie schließlich mittels einer Spezialkapsel befreit werden konnten. Natürlich besuchen wir dort das Regionalmuseum, in dem die Kapsel ausgestellt ist, aber auch viele andere interessante Details zu finden sind, z.b. ein Tresor von Heinrich Lüders (aus Braunschweig) aus dem Jahre 1861. Sicher hat Heinrich seine Gold- und Silberfunde darin aufbewahrt, denn zu dieser Zeit befand sich die Region im Goldrausch. Das Museum wird in einem historischen Gebäude aus dieser Zeit beherbergt, denn Copiapó hat einige dieser herrschaftlichen Gebäude zu bieten. Wenn man sich auf die Stadt einlässt und ein bisschen herumläuft, gibt es viel Interessantes zu entdecken. Am Eingang des Museums begrüßt uns Raoul mit einem warmherzigen "Herzlich Willkommen". Nur selten kommen hier deutsche Touristen vorbei, aber er betreut ab und zu Austauschstudenten der Uni Münster und hat auf diese Weise sein Vokabular angereichert. Raoul ist ein Vollblut-Naturwissenschaftler. Er trägt stolz einen weißen Laborkittel und in seinem Büro stapeln sich Bücher über Bücher. Der Schreibtisch ist vollgestopft mit Sachen, hinter antiquierten Glasvitrinen schlummern jahrhundertealte Enzyklopädien. So stelle ich mir Professor Dumbledores Reich in Hogwarts vor. Mika findet er einfach bezaubernd, was durch mehrmaliges Kopfstreicheln und wundervolle Geschenke bezeugt wird: Schön illustrierten Zeichenbüchern aus der Tier- und Pflanzenwelt. Nicht zu vergessen ist der Plaza de Mayor in Copiapó, es ist wirklich der schönste Platz, den wir in ganz Chile gesehen haben. Uralte Pfefferbäume stehen dort und die Atmosphäre könnte entspannter nicht sein.

Noch 660 km bis Santiago. Wir können kaum glauben, dass wir Chile, das Land, an das wir während der letzten Reise schon unser Herz verloren haben, in gut einer Woche wieder verlassen müssen. Nach 2 Tagen Verwöhnprogramm im Hostal Molzano (der Besitzer Marcello hat für uns italienisch gekocht) in Copiapo fahren wir gen Süden, immer an der Pazifikküste entlang. Sie ist zwischen Bahia Inglesa und Huasco im Süden inzwischen recht gut befahrbar. Google Maps findet die Straße zwar (noch) nicht, aber sie ist da!

Zum ersten Mal seit langem regnet es zaghafte Tropfen auf die Windschutzscheibe - könnte die Wüste jetzt blühen, fragen wir uns? Das kommt sehr selten vor, immer dann, wenn es außergewöhnlich viel regnet. Beste Chancen dafür gibt es im September. Bis jetzt ist es nur leichter Sprühregen, trotzdem treffen wir an der Küste zum ersten Mal auf feine Farbtupfer in der kargen Wüstenvegetation. Unser nächstes Übernachtungsziel ist eine Strandhütte nördlich von Punta Choros, attraktiv gelegen wegen des Meeres-Nationalparks Pinguino de Humboldt. Die Herberge liegt traumhaft, die ganze Nacht rauscht das Meer in unseren Ohren und am Morgen blicken wir aus dem warmen Bett direkt aufs Wasser. Aber es fröstelt, denn der Sommer ist noch weit entfernt und es gibt keine Heizung. Die warmen Decken und eine gemütliche, erstaunlich gute Einrichtung verhelfen uns zu einer wundervollen Zeit zum Lesen und Lernen, in der Natur und aus den Büchern. Mikas Schulaufgaben sind wirklich umfangreich geraten, wir zählen die Blätter und planen akribisch, was in den nächsten 5 Wochen noch alles zu erledigen ist. Er ist in Mathe und Deutsch gut im Plan, aber es ist nicht immer einfach, Zeitpunkt und einen Arbeitsplatz zu finden, um sich gut zu konzentrieren. In Chile haben wir meist kleine Hütten oder Apartments, die mehr Platz bieten als ein Hostalzimmer. Trotzdem ist es gut, dass er die Sommerferien schon zum Lernen genutzt hat. Mika hat sehr viel einfach so nebenbei gelernt: Naturwissenschaften, Astronomie, Archäologie, Paläontologie, Englisch und sogar etwas Spanisch, vor allem aber hat er gelernt, offen auf Menschen zuzugehen und ein tiefes Verständnis für ihm fremde Kulturen zu entwickeln. In Punta de Choros fahren wir erst einmal in den Hafen von Chañaral de Aceituno und hören uns nach einer Bootstour um, die vorgelagerten Inseln besucht. Eine freundliche Mitarbeiterin der Nationalparkbehörde organisiert einen adhoc-Termin um 9:30 Uhr am nächsten Morgen – und das, obwohl in dieser Jahreszeit selten Touristen unterwegs sind. Nun kommt endlich die gesamte Outdoor-Ausstattung zum Einsatz, angereichert durch hier erworbene Wollprodukte. Eingepackt in 5 Lagen geht es am nächsten Tag auf die tobende See. Wir sehen Tölpel, Pinguine, Seeotter, Seelöwen und sogar eine Gruppe der hier heimischen Flaschennasen-Delfine (bekannt als Flipper), die eine ganz Weile mit uns schwimmen. Zurzeit gibt es aber keine Wale zu sehen, sie kommen erst im November, um sich im planktonreichen Meer den Magen vollzuschlagen. Im Nationalpark werden regelmäßig stark bedrohte Blauwale, Finnwale und Nordkaper gesichtet. Das könnte bald vorbei sein, denn die geschäftstüchtige chilenische Regierung ist geneigt, einer weiteren Mine Vorrang zu geben und einen Hafen in der Bucht bei Punta de Choros zu bauen. Ein Milliardengeschäft, denn der kleine Norden Chiles ist voll von edlen Metallen. Dominga, so heißt die Mine, bedroht die Existenz des bescheidenen Ökotourismus und der Wale. Diese würden verschwinden, wenn große Schiffe mit Ultraschall vor der Küste kreuzen. Wir sind bedrückt, als wir all dies von unserem aufgebrachten Vermieter hören. Er ist zu Recht sauer, denn nicht zum ersten Mal werden wirtschaftliche Interessen über den Naturschutz und die Belange der indigenen Bevölkerung gestellt.

Wir verlassen die Küste und die Region Atacama nach weiteren 2 Nächten in der Strandhütte endgültig und fahren Richtung Osten, zurück in die Anden. Das Elqui-Tal soll schön sein. Und sicher auch schon ein wenig frühlingshaft. Auf dem Weg dorthin bietet sich ein kurzer Zwischenstopp in der Shopping-Metropole La Serena an – auftanken, einkaufen, durchfahren (so schnell es geht) – im Tal wird es dann wieder gewohnt einsam. Die Vielzahl der für Südamerika untypischen Campingplätze deutet darauf hin, dass sich dieses Gebiet im Sommer großer Beliebtheit erfreut. Nun aber ist es ruhig und beschaulich, bei angenehmen Frühlingstemperaturen in 1480 m über dem Meeresspiegel. Obwohl die Berge, die unser nächstes Domizil in Pisco Elqui umgeben, kahl und braun sind, ist die Umgebung im Tal so grün, wie wir es gar nicht mehr kennen. Wir sind umgeben von blühenden Blumen, an den Bäumen hängen prächtige Orangen und von überall her ertönt Vogelgezwitscher. Unsere Unterkunft, Tesoro del Elqui, mal wieder von deutschen Auswanderern betrieben, ist sehr pittoresque angelegt. Wir bleiben 3 Nächte. Die Besichtigung der Pisco-Destillerie und eine Reittour stehen schon auf dem Programm. Außerdem kann man hier herrlich entspannen und in die Sterne schauen. Nicht zu vergessen: Wir befinden uns in einer Region "magico". Hier tummeln sich die Alternativen Chiles, Naturliebhaber, Freigeister, Esotheriker und – wie immer – ein paar hängengebliebene Ausländer. Außerdem natürlich die Anhänger des Pisco, dem chilenischen Weinbrand. Zumindest am Wochenende erfreuen sich viele Besucher der obligatorischen Pisco-Tour, samt Verköstigung und Souvenir-Glas. Die süßen Trauben, aus denen das Kult-Getränk der Chilenen destilliert wird, gedeiht an den sonnigen Hängen des steilen Talbodens.

Die lässige Atmosphäre in Pisco Elqui und den umliegenden Andendörfer ist besonders. Auf der kleinen Plaza gibt es Stände mit Kunsthandwerk der umherziehenden Artesanos und allerlei Selbstgemachtes zur Verkostung. Am häufigsten zu finden sind mystische Halbedelsteine, zu Ketten eingeflochten, und selbstgemachte Vollmond-Cremes aus Aloe Vera oder anderen undefinierbaren Kräutern. Über allem macht sich der Geruch von Räucherstäbchen breit. Selbst die Kleinsten tragen schon Rasterlocken und Pumphose, sie teilen sich ein Skateboard und flitzen lautstark um die kleine Plaza. Von der Vortreppe der alten Holzkirche mit den knallbunten Fenstern, irgendwie passend für diesen Ort, genießen wir einen herrlichen Blick auf das Geschehen an der Plaza, selbstverständlich mit Kuchen to go. Um ein paar Blocks geschlendert tun sich weitere wahre Schätze der Hippie-Szene auf: Ein Espresso im 70er VW-Bus wird angeboten, oder Essen wie bei den Außerirdischen. Ach ja, angeblich gibt es in keiner anderen Region der Welt so viele Ufo-Sichtungen wie hier. Am besten man legt sich gemütlich in eine "Tina Caliente" (die heiße Tina ist hierzulande ein Holzkübel mit warmem Wasser) und schaut in den fantastischen Sternenhimmel, denn dafür ist der Norden von

Chile bekannt. Mit etwas Glück hat man dann auch Begegnungen der besonderen Art. Wem diese Erfahrung nicht reicht, kann sich massieren lassen oder spirituellen Yoga-Sitzungen beiwohnen. Wir beschränken uns darauf, am Abend nochmal auf die Plaza zu gehen - mal schauen, was geht. Schnell schließen wir uns dem Sit-In an, sitzen im Kreis der Übriggebliebenen und lauschen einem Spontankonzert der Artesanos. Diverse Flöten, Gitarren und Schlaginstrumente werden inbrünstig bearbeitet und ein weiterer, bekannter Duft überlagert die Rauchschwaden der Räucherstäbchen. Die Hippie-Kinder, immer noch hellwach, tummeln sich zwischen den Hunden, irgendwann geht ein Hut rum, in dem wir unser gesamtes Kleingeld versenken. Ich denke daran, dass dieses Land noch vor 29 Jahren von einem Diktator regiert wurde, und hier sitzt nun die nachfolgende Generation und genießt die Freiheit in vollen Zügen. Gut so.

Ausgeschlafen und erholt inmitten von viel energetisch wertvollem Quarzgestein machen wir uns am nächsten Morgen auf den Weg nach Conchaguaz, dem mystischsten Ort aller Orte im Tal. Wir sind aber nicht auf der Suche nach dem Geist des Zen (den gibt es hier auch), sondern reiten ganz pragmatisch auf chilenischen Kletterpferden durchs Gebirge. Fast 4 Stunden dauert der Ausflug, zum Teil in schwindelerregende Höhen und immer mit erhebenden Ausblicken. Wir reiten alle vier, denn es gibt kein verlässlicheres Reittier als die chilenischen Pferde. Niemals würden wir es zu Fuß in diese Gegend schaffen. Mika ist stolz, seinen zweiten Ausritt zu absolvieren, wir alle genießen den Ritt, auch wenn am Ende der Hintern schmerzt. Begleitet werden wir von Gaucho Antonio, der seine Tiere besonders liebt, das merkt man sofort. Bei ihm gibt es keine schwingenden Lassos oder laute Schreie, Antonio treibt seine Pferde mit leisen, liebevollen Schnalzlauten an. Dank Neles Spanischkenntnissen können wir während einer Pause am glasklaren Bach gute Gespräche führen, über Chile, seine widersprüchliche Politik, und die Einstellung der Menschen zum Leben. Am Abend verlangen unsere müden Knochen nach einer anständigen Mahlzeit. Leider sind die meisten Restaurants auf der Plaza geschlossen, denn alle schlafen ihren Rausch vom Vortag aus. Auf der Plaza findet sich nur noch der allerhärteste Kern der Artesanos, die ein paar zaghafte Flötentöne über den leeren Platz trällern. Zumindest ein Restaurant hat offen, und sogar mit einer vielversprechenden Speisenauswahl. Wir bestellen den Klassiker, Pisco Sour für Jan und mich, Erdbeersaft für Mika und Nele, sowie ausnahmsweise Pizza für jeden. Als die esoterisch angehauchte Bedienung mit unserer heißersehnten Kohlenhydrat-Speise heranschwebt, denke ich nur eines: „Wo ist die Pizza?" Sie ist mikroskopisch klein, aber bestimmt voller Orgon-Energie!

Eine Attraktion des kleinen Nordens blieb uns bisher verwehrt: Der sagenhafte Sternenhimmel. Im Elqui-Tal ist die Dichte an Teleskopen so hoch wie nirgendwo: 320 Sonnentage im Jahr, dazu klare Sicht in den Nachthimmel, versprechen Reiseführer und Tourangebote. Wir sind seit fast einer Woche in der Region unterwegs und immer ist der Himmel wolkenverhangen. Für den 1. Oktober ist eine Astro-Tour geplant, beim Observatorium "Cruz del Sur" in Combarbala. Hoffentlich können wir dann bei klarem Himmel einen tiefen Blick in die Vergangenheit werfen.

DIE MAGELLANSCHEN WOLKEN, 1.10.-3.10.2018

Nur zögerlich verlassen wir das Elqui-Tal. Bei einer kleinen Pisco-Destillerie lautet die Parole "keine Zeit verlieren und nur schnell eine Flasche kaufen", am Ende wandern wir mit dem Besitzer der Donã Josefa Destillerie die gesamte Anlage ab und nippen an Erzeugnissen unterschiedlicher Reifegrade. Es wird Mittag, bis wir die einsame Passstraße bei Vicuña nehmen. Sie führt uns noch einmal in die unendlichen Weiten der hohen Anden – und nötigt zu vielen Fotostopps, immer mehr Kakteen beginnen nun zu blühen. Womit wir überhaupt nicht rechnen, sind die großen grün-blauen Papageien, die mit lautem Getöse in den Bäumen sitzen und sich von uns nicht stören lassen. Sie nisten in Erdlöchern an den Hängen der kahlen Hügel. Ich bin begeistert von Papageien und könnte den in allen Farben schillernden Vögeln noch stundenlang zuschauen. Aber die Zeit rennt, denn wir haben um 21 Uhr einen Termin in der Sternwarte Cruz del Sur. Seit heute Morgen ist tatsächlich kein Wölkchen mehr am Himmel zu sehen. Weiter geht es über Berg und Tal, bis wir endlich ankommen und gegen halb 8 unsere Eintrittskarten an der Plaza abholen, dann im Hotel einchecken und uns sogleich auf den Weg zur Sternwarte machen. Der Nachthimmel ist schon jetzt beeindruckend, auch ohne Teleskop. "Da habt ihr Riesenglück", begrüßt man uns, denn die sonst so sonnige Region war in den letzten 4 Tagen vollkommen wolkenverhangen. Es gibt mal wieder eine Privatführung, wir sind die Einzigen, wie schon so oft. Erst sehen wir den Film "Chile, das Fenster ins Universum", dann beobachten wir gemeinsam den Sternenhimmel. Manuel zeigt mit dem Laserpointer verschiedene Sternenbilder der Südhalbkugel, erst die drei sichtbaren Finger der Milchstraße, die im Frühling zu sehen sind, dann die Planeten Mars, Venus, Jupiter und Saturn. Das Kreuz des Südens und den zirkumpolaren Sternenhimmel und wie man anhand dessen Jahreszeiten und Tage ablesen kann. Wir staunen, was der Himmel uns alles erzählt! Und das Beste: Endlich sehen wir auch die Magellanschen Wolken. Bei unserer Reise vor 4 Jahren hatten wir vergeblich danach gesucht! Nach den Erklärungen unter freiem Himmel dürfen wir durch die großen Teleskope schauen, die hinter vier Kuppeln gut geschützt aufgebaut sind. Je nach Ausrichtung öffnet sich das Dach über dem Gerät, der Astronom programmiert die Feinheiten und dann schaut man auf einen Sternenhaufen am Rande unserer Galaxie. Außerdem werfen wir noch einen Blick auf einen Doppelstern in zwei unterschiedlichen Farben, auf Mars und Jupiter, und zum Schluss auf den Saturn. Seine Ringe sind so klar zu sehen, als wären sie gemalt. Es wird spät heute Nacht, aber wir sind überglücklich, nun doch noch den berühmten chilenischen Sternenhimmel gesehen zu haben.

Morgens geht es zügig weiter Richtung Süden. Diesmal mit Stopp bei den mit weißen Bändern wedelnden Frauen an der Autobahn – sie verkaufen etwas aus Körben, allerdings nur an einem bestimmten Autobahnabschnitt. Wir haben das auf der Hinreise aufmerksam beobachtet. Einkaufen aus dem Auto heraus ist hier selbstverständlich. Wir halten bei einer besonders motiviert wedelnden Frau, ich beuge mich aus dem Beifahrerfenster und linse in den geschwind aufgedeckten Korb. Dort lachen uns "Dulces de la Lingua" an, Süßspeisen mit viel Dulche de Leche (die Schokocreme der Südamerikaner, jedoch aus Karamell). Lecker. Die Landschaft verändert sich stetig. Schon stehen wir staunend vor unserer Cabanā im Kiefernwald von Algarrobo. Leider mutterseelenallein. Ratlos versuchen wir den Vermieter zu erreichen. Dann finden wir ein kleines Körbchen mit Schlüssel und so können wir das Gatter öffnen. Um die Zeit nicht untätig verstreichen zu lassen, wird das Auto schon mal aufgeräumt. Der Grund, eine Cabanā im Grünen zu mieten, bevor wir wieder nach Santiago fahren: Aussortieren, aufräumen, Auto putzen. Schließlich müssen wir alles wieder so unterbringen, dass es auch ohne Auto tragbar ist. Um kurz vor 7 erscheint dann jemand, wir beziehen unser Häuschen für eine Nacht. Die Anlage liegt wunderschön mitten im Wald. Nachts um 4 klopft es an der Tür, oder war es nur im Traum? Alles ist friedlich, wahrscheinlich hat Nele sich im Nachbarzimmer nur im Bett gedreht. „Der Frühling lässt sein gelbes Band wieder flattern durch die Lüfte…" So gelb blüht der Mohn, nun, nachdem vier Wochen vergangen sind. In der Ferne blitzen die schneebedeckten Anden, als wir nach Isla Negra zum Strandhaus des berühmten Poeten Pablo Neruda fahren. Er war nicht nur Literat, Kapitän und Diplomat, sondern auch ein begnadeter Sammler. In seinem Haus finden sich Galionsfiguren, Masken, Pfeifen aller Art, Sammlungen von Muscheln und Insekten, Glasflaschen in allen Formen, Buddelschiffe, geschnitzte Steigbügel und vieles mehr – dass alles mit Blick auf die stürmische See.

Am Abend erreichen wir Santiago. Ich bewundere Jan, der unser unpassend großes Auto durch den Berufsverkehr jongliert, bis ins Barrio Bellavista. Spontan entschließen wir uns, den Mietwagen schon an diesem Abend abzugeben – damit wir den letzten Tag in Chile, den 4. Oktober, in vollen Zügen genießen können. Also geht es nochmal ins Verkehrschaos, in der Hoffnung, die Firma Seelmann (ein sehr zu empfehlender deutschstämmiger Autovermieter) noch um 19 Uhr vor Ort anzutreffen. Nahezu alle chilenischen Städte prägt ein ausgeklügeltes System an Einbahnstraßen. Noch dazu sind die Straßen im Zentrum oft vierspurig. Möchte man abbiegen, muss man sich rechtzeitig einfädeln oder versuchen, die anderen Fahrer mit freundlichen Gesten zu bewegen, Platz zu machen. Die Rückfahrt genießen wir entspannt im Taxi. "Rammstein" brüllt der weißhaarige, gut gekleidete Fahrer, als er merkt, wo wir herkommen - und nennt Rammstein in einem Atemzug mit Wagner und Bach. Den Rest der Fahrt versucht er sich mit Jan über Musik zu unterhalten und erzählt, dass er beim Rammstein Konzert in Santiago war. Dann wandert sein Finger zur Musikanlage... "du, du hasst, du hasst mich"... Ich blicke aus dem Fenster in die gerade beginnende Nacht und werde wehmütig, als ich der netten Unterhaltung mit Händen und Füßen lausche. Das ist eine Sache, die mir an Chile so gut gefällt – die Neugierde und Offenheit der Menschen, das echte Interesse am Gegenüber, die Lebensfreude der Menschen, der intensive Austausch, egal ob mit oder ohne Sprachbarriere.

ABSCHIED VON CHILE, 4.10.2018

Der letzte Tag in Santiago bricht an. Wir wohnen im Stadtteil Bellavista, einem der schönsten Stadtteile Santiagos, eng eingezwängt zwischen dem Rio Mapocho und dem Cerro Cristobal. Pablo Neruda hatte hier sein Stadthaus La Chascona. Unsere Unterkunft, das sehr zu empfehlende, nagelneue Hostal Tambo Verde liegt ganz in der Nähe. Da wir unseren Toyota Hilux nun los sind, bleibt noch ein voller Tag, um die Stadt zu erkunden. So manches kennen wir schon, denn vor 4 Jahren haben wir bereits einige Tage in Santiago verbracht. Mir scheint, die Stadt hat sich seit dieser Zeit rasant weiterentwickelt. Was den Konsum angeht, bekommt man in Santiago – im Gegensatz zu anderen chilenischen Städten – alles, was das Herz begehrt. Santiago hat viel Charme, leckeres Essen und attraktive Ausgehmöglichkeiten, wenn man nur genauer hinschaut und sich auf die Stadt einlässt. Trotzdem zieht fast jeder Tourist Buenos Aires oder Rio de Janeiro vor, wenn es darum geht, eine südamerikanische Millionenstadt zu besuchen. Dank Katja, meiner Arbeitskollegin, haben wir Kontakt zu Monika, ihrer zukünftigen Schwiegermutter. Monika ist deutschstämmig, denn ihre Eltern sind nach Chile ausgewandert, wo Monika geboren und aufgewachsen ist. Sie lebt mit ihren 2 erwachsenen Töchtern in Santiago und zeigt uns die Stadt. Vormittags werden wir von ihr mit dem Auto abgeholt und herzlich begrüßt. Gemeinsam fahren wir in das Kunsthandwerkerdorf Los Dominicos bei der gleichnamigen Kirche. Obwohl unser Gepäck schon aus allen Nähten platzt, bekommen wir noch einmal alles zu sehen (und zu kaufen), was Chile an Kunsthandwerk zu bieten hat. Wir schlendern über den Markt und erfahren einiges über die Materialien und den Herstellungsprozess der herrlichen Schmuck- und Lederwaren, oder der Erzeugnisse aus uraltem Araukarienholz. Dann führt uns Monika in den deutschen Club Santiago. Das riesige Gelände mitten in der Stadt ist eine Oase aus Sportanlagen aller Art. Jeder, der Mitglied ist, kann diese Sportstätten nutzen. Es gibt ein Hallenbad, ein Freibad, Hockey- und Fußballplätze, Tennisplätze, Volleyballfelder, Basketballplätze und eine bestens ausgestattete Turnhalle. Nicht zuletzt betreibt der Club auch ein deutsches Restaurant, dass an diesem Mittag regen Anklang findet. Deutsche Touristen, sagt Monika, werden in das Restaurant sicher auch ohne Mitgliedschaft eingelassen. Sie selbst ist hier groß geworden, von überall her wird sie freundlich gegrüßt. Außerdem gibt es ein Café, genannt die "Kaffee-Stube". Laut Monika hat der deutsche Club in Santiago ungefähr 20.000 Mitglieder. Die braucht er auch, um die Anlagen zu erhalten und zu pflegen. Eine deutsche Schule ist zwei Blocks entfernt, auch sie hat weit über 1000 Schüler. "Ich möchte Weißwurst essen", meint Mika als wir auf der noblen Terrasse Platz nehmen. Am kommenden Wochenende wird im Club Oktoberfest gefeiert, das Bierzelt steht schon, die weiß-blauen Wimpel hängen auch. Deutsch wird wenig gesprochen, dennoch scheint es eine deutsche Enklave der besonderen Art zu sein. Ein bisschen, als wäre die Zeit in den 70er/80er Jahren stehengeblieben. Am meisten ins Auge fallen uns die vielen deutschen Fähnchen und stolzen Mitglieder, die in Trainingsanzügen oder T-Shirts, auf denen der Bundesadler prangt, über die Anlage schlendern. Eine interessante, kaum beschreibbare Mischung aus südamerikanischer und deutscher Lebenskultur ist hier zu finden. Hatte Erich Honecker nach der Wende nicht auch Unterschlupf in Chile gefunden?

Gegen 16 Uhr sind wir wieder im Hostal und machen einen letzten Spaziergang durch das Viertel Bellavista. Am nächsten Morgen müssen wir früh um 4:45 Uhr zum Flughafen aufbrechen und es wird ein langer Tag mit zwei Flügen – erst 6 Stunden nach Bogota, nach 3 Stunden Aufenthalt dann weitere 7 Stunden nach Los Angeles. Chile zu verlassen fällt uns wieder sehr schwer. Obwohl wir schon viel gesehen haben, wollen wir wiederkommen, hoffentlich in vier Jahren.

Was werden wir vermissen?

Die freundliche Offenheit der Menschen, die atemberaubenden Ausblicke in der Wüste und in den Anden, Lamas, Vicuñas und natürlich Guanakos sowie die zuverlässigsten Pferde der ganzen Welt, freundliche Hunde (die ungefragt Männchen machen oder sich zeitweise als Familienhund anbieten), Pisco Sour, die Steine des Nordens (Mika), Dulce de Leche (Nele), gutes Rindfleisch aus Argentinien (Jan) – und ich fühle mich einfach ein bisschen zu Hause in diesem Land zwischen kaltem Pazifik und schneebedeckten Anden.

Uns ist klar, wir sind nur Touristen, aber könnten wir in diesem Land auch länger leben? Wir haben versucht, uns auch kritisch, ohne rosarote Reisebrille mit Chile auseinanderzusetzen: In unseren Gesprächen mit Gästehaus-Besitzern und Bekannten haben wir immer wieder nachgebohrt, was sie am Leben in Chile problematisch finden. Das Bildungssystem wurde oft bemängelt, denn Privatschulen sind teuer und staatliche Schulen meist schlecht ausgestattet und überfüllt. Insbesondere wenn die eigenen Kinder in die Schule kommen, überlegen viele deutsche Einwanderer, doch wieder zurück nach Deutschland zu gehen. Der Drogenkonsum scheint ebenfalls ein großes Problem zu sein, sogar bereits an Schulen. Und das Gesundheitssystem ist bei Weitem nicht zu vergleichen mit der Versorgung in Deutschland. Medizin ist teuer und viele können sich eine gute ärztliche Versorgung nicht leisten oder müssen lange auf eine Behandlung warten.

Immer wieder gibt es Konflikte zwischen den wirtschaftlichen Interessen des Bergbaus im Norden oder der Energiegewinnung und dessen Weiterleitung im Süden. Der Umweltschutz und die Erhaltung der für den Tourismus wichtigen Naturparks spielt dabei oft eine untergeordnete Rolle. Außerdem kommt scheinbar wenig Kapital des angeblich so reichen Nordens bei der Bevölkerung an, denn die Minen werden meist von ausländischen Investoren betrieben. Wovon alle profitieren, sind die gut ausgebauten Straßen im Norden – insbesondere für die LKWs, die ihre wertvolle Fracht sicher zum nächsten Hafen transportieren sollen. Wenn man die einfachen Behausungen in den kleineren Ortschaften sieht, Holzhäuser mit Wellblechdächern, häufige Stromausfälle und eine eher bescheidene Auswahl an Lebensmitteln, wird man schnell daran erinnert, wie privilegiert wir in Deutschland leben. Die Kluft zwischen arm und reich ist in Chile genauso präsent, wie in allen anderen mittel- und südamerikanischen Ländern. Die jüngsten Straßenkämpfe in Santiago im Oktober 2019, genau 1 Jahr, nachdem wir Chile besucht haben, zeigen deutlich, wie sehr es unter der Oberfläche brodelt. Andererseits gibt es im Gegensatz zu Deutschland in Chile keine Bedrohung durch Terrorismus und kaum Gewaltverbrechen, trotz der großen sozialen Unterschiede. Auch ideologisch gibt es keine so starke Spaltung der Gesellschaft, wie wir es in Deutschland gerade erleben (Stichwort: rechte Aufmärsche in Chemnitz). Das Leben in Chile ist in dieser Hinsicht sicherer und weniger von Angst belastet.

Ein Nickerchen im Hafen

Ingednwo in Bellavista / Valparaiso

Die wilden Häuser von Valparaiso

Nur ein Katzensprung in die Wüste

Der morbide Charme von Chacabuco

San Pedro de Atacama

Und sein Vulkan Licancabur

Kinder beim Dorffest in Toconao

Der farbenfrohe Friedhof Toconaos

Die Flamingo-Lagune in Chaxa

Salzlagune Escondida de Baltinache

In 5000 Höhenmetern über die Anden

Erste Ausblicke in Argentinien

Die Wunschparade

Wenig Kundschaft, viel Kunsthandwerk in
Purmamarca

Traumkulisse Humahuaca

Frühling in Argentinien

Abschied von San Pedro

Heiligen-Verehrung im Nirgendwo

Die Rettung der Bergleute von Copiapo

Badespaß im großen Norden Chiles

Privatstrand

Papageien im kleinen Norden

Kakteen soweit das Auge reicht

Um 20.15 Uhr kommen wir endlich in Los Angeles an. Gefühlt ist es 0.15 Uhr, denn der Zeitunterschied zwischen Santiago und LA beträgt 4 Stunden. "Anschnallen" erschallt es rüde aus dem Cockpit, also gut, normalerweise hätte ich jetzt ein "Bitte schnallen Sie sich an, wir fliegen durch ein paar Turbulenzen..." erwartet. 10 Minuten später werden wir von zwei gewaltigen Luftlöchern erfasst. Der halbe Flieger schreit auf, auch ich habe derartige Hüpfer noch nicht erlebt, trotz verhältnismäßig regelmäßiger Fliegerei aus beruflichen Gründen. Nur die kleineren Kinder juchzen auf, kommt das Fluggefühl plötzlich einer supercoolen Achterbahnfahrt gleich. Endlich gelandet spurten wir aus dem Flugzeug, um möglichst schnell bei den Kontrollen des Imigration Office zu sein, vor den anderen, die zusammen mit uns von Süd- nach Nordamerika geschaukelt sind. Am Self-Service Automaten, Pass und Finger scannen und Passfotos schießen, alles klappt zunächst reibungslos, allerdings frage ich mich, warum man danach trotzdem noch mit dem Officer sprechen, bzw. sich in die nächste Warteschlange einreihen muss. Als Nele ihren Pass in den Automaten schiebt, wird ihr die Einreise verweigert, mit dem Argument, dass der Pass keine 6 Monate mehr gültig ist. Ich bin erschüttert, denn ich hatte die Bestimmungen vor der Reise genauestens überprüft. Aufgelöst wenden wir uns an einen freundlichen Mitarbeiter (im Ernst!), der uns anlacht mit den Worten "macht nichts" und das Absperrband zur nächsten Warteschlange öffnet. Einigermaßen beruhigt dürfen wir dann endlich mit einem echten Officer sprechen, der meinen Pass öffnet, ein überaus erstauntes Gesicht macht, lacht und auf den Floreana Post Office Stempel zeigt. Ich weiß ja, dass der eigentlich nicht in den Pass gehört, und plappere etwas von der "famous Galapagos postbox story", aber er ist einfach nur beeindruckt von der Stempelfülle aus Mittel- und Südamerika. Schließlich stellt sich heraus, dass er Mexikaner ist und eines unserer Vorurteile, was die Einreise in die USA eingeht, hat sich sogleich in Luft aufgelöst. Die nächste Hürde ist das Taxi. In unserer Uber App sehen wir überall Uber Taxis vorbeiziehen, aber die App funktioniert einfach nicht. Also müssen wir mit einem normalen Taxi vorliebnehmen und da unser Hotel 45 Minuten vom Flughafen entfernt liegt, sind die ersten 100 USD für den Transfer schnell ausgegeben. Das Best Western

Hotel Palm Garden-Inn liegt dafür strategisch günstig nur 5 Minuten von der Wohnmobilvermietung entfernt. Gegen 22:30 Uhr Ortszeit, für uns 2.30 Uhr, liegen wir dann endlich erschöpft in den Betten. Morgens gibt es ein Frühstücksbüffet, über das Scharen von Menschen herfallen, als würde gerade die Welt untergehen. Bestandteile des Frühstücks sind hauptsächlich Kohlenhydrate und Fette: Waffeln mit Sirup, Donuts, Yogurt mit M&Ms, Pancakes, Fleischbuletten o.ä., und alles serviert auf 100% Wegwerfgeschirr. Jan und Mika, die zum ersten Mal in den USA sind, ist der Schock ins Gesicht geschrieben. Nicht nur, weil die Auswahl der Speisen so einseitig ungesund ist, sondern auch, weil die Gäste alles in einer unglaublichen Geschwindigkeit in sich hineinstopfen und dann schnellstens verschwinden. Von gemütlicher, achtsamer Nahrungsaufnahme kann hier nicht die Rede sein. Nach dem Frühstück nutzen wir zum ersten Mal den vorbildlich funktionierenden Lyft-Fahrdienst (Konkurrenz zu Uber), um uns und unser Hab und Gut zur nahen Wohnmobilvermietung zu befördern. Eine nette, so gar nicht nach Chauffeur aussehende Dame holt uns ab, wir sind uns gleich sympathisch. Sie hat Süßigkeiten für die Kinder im Ablagefach der Rückbank und als ich ihr Trinkgeld geben möchte, aber kein Kleingeld habe, sagt sie nur "vergiss es honey, ihr braucht euer Geld noch, LA ist teuer". Stimmt, denn als wir einige Stunden später eine Warner Brother Studio Tour buchen, sind wir auf einen Schlag um 250 USD ärmer.

Unser neues Auto ist noch größer, als erwartet, ein Campingmobil, 23 Fuß lang, dass einen komfortablen Eindruck macht. Da wir aber bei der Übergabe sehr lange warten müssen und noch ans andere Ende von LA wollen, unterlassen es aber, bei den diversen Features nachzufragen, was sich später als Nachlässigkeit herausstellt. Wir sind zwar eingefleischte Camper, haben aber trotzdem keine Ahnung, wie das Zusammenspiel von Elektronik, Gas, Generator usw. funktioniert. So viel Luxus gibt es in unserem kleinen Wohnwagen zu Hause nicht. Ganz zu schweigen von der Herausforderung, so ein Monstrum durch den Stadtverkehr von LA zu jonglieren. Eigentlich gibt es nur zwei Programmpunkte für heute: Einkaufen und das Wohnmobil ohne Schäden nach Burbanks, am anderen Ende von LA zu befördern. Um 17 Uhr haben wir Campingplatz erreicht und fallen müde in die neuen Betten. Am nächsten Morgen geht es früh weiter zum Filmgeländer der Warner Brothers. Unsere größte Befürchtung: Wo stellen wir das Teil ab? Erfreulicherweise ist es Sonntagmorgen, 8.30 Uhr, so dass ein paar Parkboxen direkt vor dem Hauptgebäude frei sind. Die Show ist perfekt, wir cruisen in großen Elektro-Caddys über das Gelände, sehen den berühmten WB Wasserturm und besichtigen die 3 Stockwerke einnehmende Requisitenhalle mit 450.000 Stücken. Sehr beeindruckend ist die Sammlung an Telefonen aus allen Jahrzehnten. Das Highlight für Mika sind die unzähligen Requisiten aus den Harry Potter Filmen, wie das fliegende Auto, die Brille von Harry oder der sprechenden Hut. Mika und Nele probieren ihn aus, Mika landet in Gryffindor und Nele in Slytherin. Slytherin ist besser als sein Ruf, meint unser Guide später. Nur weil ein schwarzes Schaf dabei ist, sind nicht alle schwarze Schafe. Der Höhepunkt aber ist das Set von "The Big Bang Theorie", wir parken vor den eigens für die Crew eingerichteten Parkplätzen und lassen uns genau erklären, wie die Sitcom produziert wird. Unversehens stehen wir vor der Wohnung von Penny, Leonhard und Sheldon, der Cafeteria der Uni und dem Treppenhaus. In den Papierkörben liegen doch tatsächlich noch die Skripte der letzten Aufzeichnung! In einer weiteren Halle stehen die Original-Batman-Autos, die, so unser Guide, nur von Spezialfahrern bewegt werden dürfen. Interessant ist auch das Außengelände, wie die Straßen von New York und Chicago, eine beliebige Stadt des mittleren Westens, der Central Park, Gotham City Hall – alles Kulissen von Friends, Shameless, La-La-Land, Big Bang Theorie, Casablanca, My Fair Lady. Ganz echt erscheinen die Kulissen, obwohl ganze Straßenzüge nur aus Holz und Pappmaché bestehen. Am Ende der Tour zeigt eine Ausstellung in chronologischer Reihenfolge, wie ein Film produziert wird. Dann kann man für 50 USD aufwärts auf dem Besen von Harry Potter reiten, nebst Foto und Videoaufnahme – ein Muss für Mika. Wer dann noch nicht genug hat, kann sich im Museumsshop mit allen erdenklichen, sehr teuren Souvenirs der Filmgeschichte eindecken. Mir haben die wunderschön eingepackten Süßigkeiten aus den Harry Potter Filmen gefallen, die man in Hogsmeade kaufen kann: Schoko-Knallfrösche, oder Bertis Bohnen aller Geschmacksrichtungen. Gekauft haben wir keine, aber es hat Spaß gemacht, das alles zu sehen. Nach der Führung steuert uns Jan zielsicher zum Griffith Observatorium, welches am Sonntag gut besucht ist. Wir sind eigentlich nur aus einem Grund hier – der Hollywood Schriftzug, der von hier aus in seiner ganzen Breite wunderbar zu sehen ist. Es ist der Wunsch von Nele, dass wir das einmal in echt zu sehen bekommen. Also quälen wir unser MinnieWinnie Wohnmobil den Berg hoch, warten geduldig auf einen überdimensionierten Parkplatz und schlappen mit 500 anderen Touristen zur Aussichtsterrasse.

Um 14 Uhr geht es dann weiter gen Osten zum Joshua Tree Nationalpark, den wir gegen 18 Uhr erreichen. Auf den letzten 40 Meilen lässt der Verkehr allmählich nach und wir beginnen uns vom Stadtchaos zu entspannen. Als wir in den Park einfahren hat das Nationalpark-Büro bereits geschlossen. Wir sind erstaunt, wie viele Autos trotzdem noch im Park unterwegs sind. Andererseits kein Wunder, denn die Landschaft des Parks in der Abendsonne ist ein Traum. Der Joshua Tree, ein baumartiges Yucca-Gewächs, ist allgegenwärtig. Er ist charakteristisch für den Park. Sein Erscheinungsbild zusammen mit den von Wind und Wetter glatt erodierten orange-gelben Granitfelsen und verschiedenen Kakteenarten, gibt der Gegend ein charakteristisches Aussehen. Sofort stellt man sich vor, wie früher Cowboys Rinderherden in die von Felsen abgeschlossenen Winkel des Parks trieben und ihnen ihre Brandzeichen aufdrückten. Unser Campingplatz, Jumbo Rocks, ist komplett ausgebucht und das im Oktober, und damit hätten wir nicht gerechnet. Zum Glück hatte ich die 2 Übernachtungen schon im Voraus reserviert. Schließlich finden wir unseren Platz innerhalb der weitläufigen Anlage, herrlich gelegen bei einer großen Yuccapalme. Es gibt keinen Strom oder fließend Wasser, lediglich ein paar Plumpsklos, die über das Gelände verteilt sind. Dafür hat jeder Platz einen Grill und eine Feuerstelle – typisch, denke ich, aber auch passend zu Nordamerika. Nach Sonnenuntergang ist es schnell kalt, wir verziehen uns ins Innere des Wohnmobils und bedauern, dass wir nicht an Feuerholz gedacht haben. Draußen funkelt der Sternenhimmel fantastisch vor sich hin, doch wir frösteln und sind müde. Als Jan gegen 20.30 Uhr zufällig hinaus geht traut er seinen Augen kaum: Ein heller

Himmelskörper hinterlässt zwei riesige Schweife, es sieht aus, wie Nordlichter oder ein riesiger Meteorit, der uns gefährlich nahekommt. Wir staunen ängstlich in den Himmel und rätseln fieberhaft nach Erklärungen. Kein Netz und kein Internet, also müssen wir abwarten, bis wir den Park übermorgen verlassen, oder uns durchfragen. Bis dahin spinnen wir die wildesten Theorien. Ich bin felsenfest überzeugt, dass es ein Meteorit war, Mika glaubt an Außerirdische und Jan an eine überdimensionale Rakete, abgefeuert von D. Trump zur Sicherung der amerikanisch-mexikanischen Grenze. Nichts davon stimmt, erfährt Jan am nächsten Morgen im Gespräch mit einer Camping-Nachbarin. Wir waren Beobachter der ambitionierten Vision von Elan Musk, der ausgerechnet an diesem Abend einen Falcon 9 Raketentest in der Mojawe-Wüste durchführte. Der CEO von Tesla ist überzeugt, im Rahmen seines SpaceX Projektes in 20 Jahren Touristen, anstatt auf die Bahamas ins All zu befördern. Demzufolge sahen wir (und der gesamte Campingplatz, der vermutlich davon wusste), den milliardenschweren Vorreiter des "Space Tesla" auf dem Weg ins All, der eine große Parabel am Himmel zog und dann millionenschwer verglühte. Der Joshua Tree Nationalpark verfügt über schöne Aussichtspunkte und viele Wanderwege mit Ausblick auf interessante Felsformationen, Wüstenvegetation und den namensgebenden Joshua Tree. Der nächste Tag dient der Erkundung dieser Wanderwege. Wir fahren erst zu einem Aussichtspunkt, von dem man weit in die südliche Ebene auf die Andreasspalte sehen kann. Hier treffen sich die pazifische und die nordamerikanische Platte. Man sieht natürlich keine Spalte, hat aber eine phänomenale Aussicht in die Ebene und auf die San Bernardino Berge. Dann geht es weiter zum Hidden Valley und zum Barker Dam. Uns fällt auf, wie viele deutsche Touristen im Park anzutreffen sind, im Gegensatz zu Südamerika, wo wir nicht einmal im deutschen Club in Santiago deutsche Stimmen gehört haben. Am Abend wollen auch wir endlich ein Feuer wie Cowboys in der Prärie, aber das Feuerholz fehlt. Also ziehen wir los und plündern die Holzrestbestände der anderen, inzwischen verwaisten Campingstellen. Einige Holzreste vom Vortag sind in den Feuerschalen der abgereisten Campinggäste liegen geblieben. Es reicht für unser erstes kleines Feuer mit Bohneneintopf und Grillwürstchen in der nordamerikanischen Prärie.

IF YOU ARE GOING TO SAN FRANCISCO..., 9.-12.10.2018

Das Desert Hill Premium Outlet ist fest in asiatischer Hand, man schleppt riesige Einkaufstüten und schwärmt durch die Shops wie Heuschrecken. Das ist verständlich, denn die Riesen-Mall westlich von Palm Springs können auch wir nicht links liegen lassen. "3 Stunden shoppen, um 14 Uhr sind wir draußen", so der Plan. Vorher werden die Prioritäten noch genau festgelegt... North Face (Jan/Vera) Calvin Klein (Nele), Disney (Mika). Bedacht haben wir die langen Wege und die Vielzahl der Läden allerdings nicht. Um 15 Uhr sind wir dann schließlich wieder im Auto, um ein paar Dollar ärmer und "a long way to go" vor uns. Wir müssen noch an LA vorbei nach Santa Paula, eine hübsche Kleinstadt auf dem Weg nach Santa Barbara. Wegen des nun einsetzenden Berufsverkehrs nehmen wir den Weg "hintenrum", d.h., wir umfahren LA weiträumig und nehmen die Straße durch die Berge. Das Hügelland nördlich von LA ist genauso, wie ich es mir vorgestellt habe. Orangenplantagen ohne Ende (da, wo es Wasser gibt) oder weitläufiges, ausgedörrtes Farmland, Pferdekoppeln umzäunt mit weißem Holzzaun – der heiße trockene Sommer hat seine Spuren hinterlassen. Lediglich die schönen alten Eichen geben der Landschaft erfrischende grüne Tupfer. Die Ventura Ranch nördlich von Santa Paula ist zwar etwas abgelegen, bietet aber eine schöne Campingmöglichkeit auf weitläufigem Gelände. Wir kommen leider zu spät an, um das riesige Terrain richtig zu entdecken. Es ist stockdunkel und wir sind froh, überhaupt hierher gefunden zu haben. Am nächsten Morgen geht es auf „der kleinen Straße hintenrum" bis nach Santa Barbara. Auffällig sind massive Schäden durch Feuer, wie zu erwarten sind viele Büsche schwarz und erst langsam erholt sich die Natur. Ich erinnere mich, dass es vor zwei Jahren in dieser Gegend verheerende Feuersbrünste gegeben hat. "Santa Barbara ist immer eine Wucht", steht in unserem Reiseführer. Außerdem soll es die teuersten Immobilienpreise in ganz Kalifornien aufweisen. Am Strand von Santa Barbara angekommen treffen wir erst einmal auf eine Ü60 Promi- Volleyball-Mannschaft, die auf einem der mindestens 20 aufgespannten Felder eine recht gute Figur abgibt. Man hat Geld und Zeit, ist jenseits der Botox-Ära und trainiert seinen Körper, wo es geht. Bestimmt sind auch einige Schriftsteller, Schauspieler und Ex-Models dabei! Wie so oft werden wir freundlich mit ein paar Tipps versorgt, insbesondere wer wo in welcher teuren Villa wohnt. Man sieht auch viele schicke Autos. Trotzdem ist Santa Barbara irgendwie bodenständig geblieben. Am Pier tummeln sich Jugendliche und jung gebliebene Alte in der Skateboard-Anlage, man teilt sich einen legal erworbenen Joint und die hübschen Häuser mit spanischem Einschlag tun alles Weitere. Mika darf mal angeln, alles und jeder ist entspannt – nur das Wetter könnte etwas besser sein, für unsere Tour auf dem Highway No. 1 bis hoch nach San Francisco. Wir spazieren den gesamten Strand und den Pier ab, lernen einen italienisch-stämmigem Einheimischen beim Angeln kennen und vertrödeln viel Zeit in geruhsamer Atmosphäre. Dann geht es weiter Richtung Norden. Auf dem Highway 154 wird es plötzlich wieder sehr einsam: Typisch amerikanische Ranches, Koppelzäune, Pferde, braunes Gras und alte Eichen (wo sie nicht verbrannt sind). In Santa Maria machen wir einen Einkaufsstopp. Nach einer Übernachtung in Avila Beach, wir sind ein Wohnmobil unter vielen, kommt endlich die heiß ersehnte Küste in Sicht. Im südlichen Abschnitt der Strecke gibt es relativ wenig Spektakuläres zu sehen. Auf einer Weide grasen Zebras, am Strand liegen massenhaft Seelöwen. Dann nimmt die Straße an Steigung zu, die Landschaft wird wilder, die Küste rauer. Ich sitze am Steuer und ahne nichts Böses, das kreuzt ein schwarzes großes haariges Etwas die Fahrbahn. So schnell kann ich nicht bremsen, aber ich schaue, dass ich es nicht erwische. "Halt an!" schreit Jan, der die Vogelspinne längst als solche erkannt hat. Ich bremse auch für Tiere, kann aber auf der engen Straße mit Autos hinter mir nicht stehen bleiben. Ein paar hundert Meter weiter kommt eine Parkbucht, wir halten und laufen zu Fuß die Straße zurück. Zu spät, andere haben leider nicht für Tiere gebremst. Das seltene Exemplar liegt platt gewalzt vor uns auf der anderen Fahrbahn. Weiter gen Norden stoppen wir wie alle anderen auch beim Julia Pfeiffer Burns State Park. Dort hat man einen wundervollen Ausblick auf einen Strand mit Süßwasserdusche. Leider ist der Trail teilweise gesperrt und so fahren wir zügig weiter zum Pfeiffer Big Sur State Park. Begleitet wird er von unzähligen Seelöwen, Delfinen und Seevögeln. Im Pfeiffer Big Sur State Park angekommen, staunen wir zum ersten Mal über die majestätischen Redwood-Mammutbäume. Sie werden hier im Süden zwar nicht ganz so groß wie im Norden Kalifornien, trotzdem sind sie sehr beeindruckend. Camping mitten im Wald unter jahrhundertealten Bäumen macht uns allen sehr großen Spaß. Ein jeder hat sein Feuerchen und grillt Marshmallows. Viel Verkehr herrscht auf dem legendären Highway No. 1. Vor allem die vielen Sportwägen fallen auf, insbesondere Mustang Cabriolets begegnen uns immer wieder. Das muss ein gutes Geschäftsmodell sein: Ford Mustang in San Francisco mieten und dann den Highway runter oder anders herum. Wir stellen den Gegenpol: Langsam kriechend mit 20 bis 50 Meilen pro Stunde, je nach Steigung und Kurve. Damit verderben wir den Mustang fahrenden KappenträgerInnen mächtig den Spaß, was uns kein bisschen leidtut.

Die nächste Etappe führt weiter entlang der Küste mit phänomenalen Ausblicken und schönen Küstenwanderwegen. Ständig sehen wir perfekt ausgestattete Amerikaner in Wanderschuhen mit Thermoskanne, was auf mindestens 20 km Laufleistung schließen lässt. Wir jedoch finden keinen Trail, der länger als 1,5 Meilen ist. Auch nicht im wunderschönen Point Lobos State Park. Hier bekommt man aber zumindest etwas mehr Bewegung, wenn man sein Auto am Highway stehen lässt. Wir wandern durch herrliche Zedernwälder, von denen Flechten hängen. Vor der Steilküste tummeln sich Seeotter verspielt in den Algen, laut blöken die Seehunde am gegenüberliegenden Felsen. Weiter geht es nach Monterey, ein hübsches Städtchen im Vergleich zum ziemlich versnobten Carmel by the Sea. In Monterey kann man sehr gut Whale Watching Touren buchen oder das Aquarium besuchen. Wir haben einige Wale von der Küste aus sehen können, also sparen wir das Geld (insbesondere für San Francisco). Am Nachmittag beobachten wir einen weiteren Buckelwal beim Jagen direkt von der Straße aus. Der berühmte Highway No. 1 ist hinter Monterey zwar nicht mehr ganz so spektakulär, dafür gibt es viele unberührte Küstenstreifen mit herrlichen Sandstränden. Das Wetter ist sonnig und die Luft so klar, dass die Sonne wie aus dem Bilderbuch im Meer versinkt. In Pacifica schlagen wir unser Basislager "San Francisco" auf, für die nächsten 3 Tage und für sehr viele Dollars.

LYFTOMANIE, 13.-14.10.2018

2 volle Tage San Francisco bei 20 Grad und Sonne. Der Sonnenuntergang am Pacific Highway ist so schön, dass wir das Abendessen an den Straßenrand verlegen – mit Ausblick auf den Pazifik. Unser Stellplatz liegt zwar direkt am Highway, aber wir haben 3 Übernachtungen gebucht und einen Platz ganz hinten mit Blick auf den Pazifik ergattert, dafür bedrohlich nahe an der Abbruchkante nachts hört man die Wellen hart an der Steilküste aufschlagen, morgens begrüßt uns der für diese Region typische Küstennebel. Er bleibt nicht lange, denn San Francisco erlebt gerade einen wunderbaren Indian Summer. Die Sonne strahlt vom Himmel, es ist Wochenende und alle genießen den klaren Blick auf die unbestreitbar schönste Brücke der Welt.

Wir haben Pacifica gewählt, weil man von hier aus mit öffentlichen Verkehrsmitteln nach SF fahren kann. Samstag früh wird uns klar, dass es viel günstigere und schnellere Möglichkeiten gibt: Lyft, die fahrende Alternative zu AirBNB. Uber gibt es zwar auch, aber Lyft ist besser und schon lange in San Francisco etabliert. Ein willkommener Nebeneffekt: wir lernen die unterschiedlichsten Menschen kennen, in der Regel Migranten, die keinen Hehl daraus machen, was sie von der politischen Führung des Landes halten. Am Samstagmorgen fährt uns Vy, ein aufmerksamer Vietnamese bis ins Herz der Stadt, zum Union Square. Von dort aus laufen wir direkt nach Chinatown. Auf dem Weg machen sich Hotelangestellte morgens um 9 Uhr lautstark ihrem Frust Luft, denn die miesen Arbeitsbedingungen und die schlechte Bezahlung der Marriot-Kette ist inakzeptabel. Unangenehm für die Hotelgäste, andererseits ist San Francisco so teuer, dass man die Wut gut verstehen kann. Es gibt so gut wie keine Straßenecke ohne Obdachlose, ein Trauerspiel für eine Region, in der so viel Geld verdient wird.

Chinatown ist, mal abgesehen von der Hauptstraße, eine Welt für sich. Die Straßen sind steil wie überall, alte Chinesinnen schieben ihren Rollator mühsam die Hügel hinauf. Um 10 Uhr lassen wir uns in einen China-Imbiss locken. Anstatt der 2 Frühlingsrollen zum Probieren landen 4 Frühlingsrollen und 4

Dumplings für 8 USD auf dem Teller. Unsere Bestellung wurde einfach ignoriert, also gut. Dann geht es weiter durch enge Gassen bis zur Keksfabrik, dort kann man zuschauen, wie an zwei altertümlichen Geräten Glückskekse hergestellt werden – und auch seine eigenen Botschaften einbacken lassen. Wieder zurück am Union Square ist die Streiktruppe zum nächsten Marriot-Hotel weitergezogen. Auf dem Weg durch den Finanzdistrikt zum Ferry Building werden die Obdachlosen auch nicht weniger. Die, die noch nicht ganz am Ende sind, versuchen mit kreativen Methoden die Aufmerksamkeit möglicher Spender auf sich zu ziehen. Am Ferry Building erwartet uns das Schiff nach Sausalito, wo wir Ting und Marc besuchen. Ting ist unsere Nichte, sie arbeitet seit 1,5 Jahren bei einer non-Profit Organisation als Nachhaltigkeits-Beraterin, noch, denn am Montag fängt sie einen neuen Job im Zentrum von San Francisco an. Auf dem Weg nach Sausalito kommt zum ersten Mal die schönste Brücke der Welt in Sicht. Nach etwas Sightseeing und mexikanischem Essen in Sausalito "lyften" wir mit Claude, dem Naturfotografen, zurück nach Pacifica über die Golden Gate Bridge. Nebenbei erzählt er, dass er gerade einen Trip zu den Nationalparks in Utah und Arizona hinter sich hat. Da wollen wir auch noch hin und sind dankbar für jeden Tipp. Am nächsten Morgen lyftet uns Joe, in SF geboren und aufgewachsen. "Hier ist alles marode und wir warten auf das nächste große Erdbeben, dann übernimmt die Regierung den Wiederaufbau", berichtet er zynisch. Ich finde San Francisco gar nicht so marode, im Vergleich zu anderen US Städten. Angekommen am höchsten Punkt der Lombard Street, der Straße, die die Steilste der Welt sein soll, werfen wir nur einen kurzen Blick nach unten und folgen dem Zickzack der Straße, auf der sich viele Autos abwärts winden. Stattdessen wählen wir das Panorama auf Alcatraz, die andere Richtung, und laufen hinunter zur Fisherman's Wharf und dem Drehpunkt der berühmten Cable Cars. Das Wetter heute ist herrlich, ein richtiger Indian Summer Tag mit klarer Luft, viel Sonne und tiefblauem Himmel. Nicht eine Nebelschwade in der Bay, bereits von Weitem blitzt uns die Brücke der Brücken rostrot entgegen. Magisch angezogen von diesem Blick trotzen wir allen anderen Sehenswürdigkeiten und laufen zu Fuß die gesamte Strecke, vorbei an Fort Mason mit seinem Obst- und Gemüsemarkt, dem Sportboothafen und an Chrissi Fields, ein vorbildlich renaturierter Uferabschnitt in der Bay. Heute, am

Sonntag, buddeln Kinder in Badeanzügen im Sand, während die Mütter in North Face Daunenjacken 5-Dollar-Kaffee schlürfen. Der Wind, der durch die Francisco Bay Area pfeift, zeugt schon vom herannahenden Winter. Am Ende des Weges angekommen, folgt der Anstieg auf die Brücke. Mika will unbedingt mindestens bis zum ersten Brückenpfeiler laufen. Jan und mir tun jetzt schon die Beine weh, es ist soweit: Unsere Kinder haben uns an Ausdauer und Fitness überholt. Als versionierte Lyftfahrer schaffen wir es, uns mit Juliana direkt am Brückenkopf zu treffen (was nicht ganz einfach ist, denn wir sind nicht die einzigen Lyfter hier) und uns zum Pier 39 – touristisch, aber ein Muss – kutschieren zu lassen. Juliana spricht kein einziges Wort mit uns und ich frage mich, wie sie die 5 Sterne für "gute Gespräche" in ihr Profil gemogelt hat. Am Pier 39 treffen wir Ting und schlendern durch das Menschengemenge. Der Geruch treibt uns zuerst zu den blökenden Seelöwen, die sich am Ende des Piers vor den Touristen räkeln. Wir haben so viele Seelöwen auf unserer Reise gesehen, dass es uns dort nicht lange hält. Auf dem Rückweg durch die Souvenirgassen folgt ein Stopp bei der Show eines Akrobaten aus England. Er liefert nicht nur eine beeindruckende Akrobatik-Nummer ab, sondern ist dabei auch noch überaus unterhaltsam. Einen einzigen Punkt können wir zeitlich noch ansteuern und die Entscheidung fällt auf Haight-Ashbury, die Hippie-Hochburg San Franciscos. Auch heute ist dort noch alles schrill, bunt und ausgefallen. Viel besser als Berlin-Mitte, denke ich. Kein Shop gleicht dem anderen, man sieht interessante Leute und kann in vielen Second-Hand-Läden stöbern bis zum Umfallen. Obwohl wir alle todmüde sind, bleiben wir bis in den Abend hinein und laufen durch die Straßen. Zum Abschluss ein veganer Snack, Ting verabschieden, dann folgt der vorerst letzte Lyft nach Hause (Pacifica) mit "den Namen habe ich diesmal vergessen…"

Am nächsten Tag starten wir in Richtung Yosemite Nationalpark, in der Hoffnung, dass es dort weder schneit noch brennt. Außerdem hoffen wir auf ein paar günstige 10-Dollar-Camping Spots, denn campen, lyften und (wenig) essen in San Francisco geht richtig ins Geld. Gegebenenfalls werde ich Lyftfahrer, um unser Einkommen aufzubessern und die Reise weiter zu finanzieren. Es scheint kein schlechter Job zu sein, man ist sein eigener Chef und fährt immer nur dann, wenn man wieder mal Geld braucht.

GO EAST, 15.-17.10.2018

Leider ist die Internet-Verfügbarkeit in den USA so schlecht wie in keinem der anderen von uns besuchten Länder. Ich versuche immer wieder Bilder hochzuladen, aber das klappt oft nicht, obwohl wir uns in unmittelbarer Nähe zum Silicon Valley befinden. Weiter, Richtung Osten, überqueren wir die San Francisco Bay und fahren über Unmengen verschiedener Highways ins Central Valley. Zum ersten Mal kommt Langeweile auf, denn die nicht enden wollenden Obst- und Gemüseplantagen sind wenig abwechslungsreich. Erst als wir uns langsam dem Yosemite Nationalpark nähern, wird die Landschaft interessanter. Ein Dorf mit dem wunderschönen Namen Mariposa, verströmt sogar richtige Wildwest-Atmosphäre. Leider ist der einzige dort noch geöffnete Campingplatz keinen Cent wert, stattdessen gehen wir tanken und fragen den Tankwart, wo es denn auf der Fahrt in Richtung National Park Übernachtungsmöglichkeiten gäbe. "Go to Briceburg", sind seine Worte, dort kann man entlang des Merced River wunderbar campen, nur 12 Meilen entfernt. An der Brücke nach den besagten 12 Meilen geht es tatsächlich zum Fluss hinunter, allerdings über eine sehr enge Holzbrücke. In Costa Rica sind wir schon über fragwürdigere Konstrukte gefahren, allerdings nicht mit so viel Gewicht. Wie so oft in den USA taucht plötzlich von irgendwoher ein netter Mensch auf, der uns mit Ratschlägen versorgt, von David, der sein Zelt 4 Meilen den Fluss hinunter aufgeschlagen hat. Dort gäbe es viele Tiere, aber die Bären kämen aber nicht so weit ins Tal, wir könnten dort unbehelligt mit dem Wohnmobil stehen. Dann verabschiedet er sich mit den Worten "ich fahr nochmal nach Mariposa rein, wir sehen uns später".

Auf der für 15 t ausgelegte Brücke schleichen wir über die Holzplanken. Dann folgt ein Schotterweg mit deftigen Schlaglöchern. Mehr als 5 mph sind nicht drin. Plötzlich gibt es einen lauten Knall, die Kinder schreien auf. Eine der Schranktüren hat dem Geschaukel endgültig nachgegeben und sämtliches Geschirr ergießt sich in Einzelteilen auf den

Boden des Campers. Nachdem alles aufgesammelt ist, stellen wir mit Erstaunen fest, dass nur ein Teller kaputt ist. Die Stellplätze am Fluss sind herrlich gelegen. Man braucht nur 10 Dollar in einen Umschlag zu stecken und diesen in die dafür vorgesehene Box zu werfen. Wir inspizieren die Gegend und die leergefegten Plätze. Außer uns gibt es nur ein kleines Wohnmobil. An einem Platz liegt noch Feuerholz, außerdem deutet viel zurückgelassenes Spielzeug auf eine überstürzte Abreise hin. Nach einem Blick auf die seltsame dunkelbraune Farbe des Flusswassers wird uns klar: Bis vor kurzem haben in der Region verheerende Waldbrände gewütet, der anschließende Regen hat die Asche von den Hängen in den Fluss gespült. Vermutlich wurde der Campingplatz bei Ausbruch der Brände zügig verlassen, was die liegengebliebenen Gegenstände und das Holz erklärt. Als wir am nächsten Tag weiterfahren Richtung Yosemite entdecken wir tatsächlich große, verbrannte Waldflächen und Mitarbeiter der Forstbehörde bei Sicherungsarbeiten. „Nach dem Brand ist vor dem Brand", scheint die traurige Erkenntnis zu sein. Beim Campen am Fluss stoßen wir zum ersten Mal auf Bärenboxen, große Stahlbehälter, in denen man sämtliche Lebensmittel zu verstauen hat, denn mit den Bären ist nicht zu spaßen. "Aufregend", denkt Mika und macht sich sofort auf die Suche nach Spuren in der Wildnis. Wir unterhalten uns währenddessen mit den "Overlandern", Denis und Karen, ihnen gehört das geländegängige Wohnmobil, mit dem wir uns diesen idyllischen Platz in Alleinherrschaft teilen. Sie haben ungefähr unser Alter und alles verkauft: Wohnhaus, Besitztümer uvm. Seit 3 Wochen sind sie erst unterwegs und wir spüren, dass sie sich noch nicht so richtig in ihrem „simplified life" arrangiert haben. Ganz schön mutig, denke ich, andererseits ist dieses Lebensmodell in den USA weit verbreitet. Karen und Denis wollen nach Mexiko, wo es sich billiger leben lässt. Ich stelle mir also vor, wie sich ein Großteil der US-Bevölkerung zur mexikanischen Grenze aufmacht und um Einlass bittet. Trump lässt keine Mexikaner mehr rein, dafür wollen eigentlich alle nach Mexiko, ins gelobte Land. Dabei muss ich laut loslachen und versuche mir nichts anmerken zu lassen (ein Gespräch über Politik sollte man vermeiden, sagt unser Reiseführer). Von Denis bekommen wir den Tipp, die "ioverlander" App zur Suche von günstigen Camping- bzw. Schlafplätzen zu nutzen. Was für ein Segen, denn die stets ausgebuchten und übervollen

Nationalparkplätze sind eine frustrierende Erfahrung für Menschen, die gerne spontan entscheiden und sich treiben lassen möchten. Wer hier nicht mindestens 6 Monate bis 1 Jahr vorplant, hat verloren.

An einem sonnigen Herbsttag fahren wir weiter in den Yosemite Nationalpark. Eigentlich würden wir sehr gerne 1 oder 2 Nächte im Yosemite Valley bleiben und die Wanderwege ausprobieren, aber es ist nicht ein einziger der begehrten Stellplätze frei, nicht mal ein Parkplatz! Es herrscht ein Indian Summer wie er im Buche steht und durch 3 Eingänge strömen Fahrzeuge nebst Insassen in den Park. Gegen 12 Uhr mittags finden wir an den beliebtesten Stellen schon keine Möglichkeit mehr anzuhalten. Das Tal ist traumhaft schön und wir staunen beeindruckt hinauf zum El Capitan, der die höchste Steilwand der Welt zu bieten hat. Und natürlich zum Half Dome, am Ende des Tals, der in der Morgensonne besonders imposant wirkt. Nachdem alles fotografiert und gebührend bewundert wurde, geht es weiter auf die Tioga Road, über die wir den gesamten Park auf bis zu 3300 m Höhe durchqueren. Immer wieder gibt es atemberaubende Ausblicke, imposante Tannen, so groß, wie wir sie noch nie gesehen haben.

Bei der Parkausfahrt hinunter zum Mono Lake, auf der anderen Seite der Sierra Nevada, zieht ein übler Geruch von heiß gelaufenen Bremsen durch das Wohnmobil. Trotzdem sind wir immer noch auf ca. 2000 m Höhe, zu hoch für eine Übernachtung in den attraktiven State Parks in der Nähe des Sees. Wir haben keinen winterfesten Camper und ein Einfrieren des Wassersystems würde ein Vermögen kosten. Angesagt für heute Nacht sind -6 Grad Celsius. Eine annehmbare Übernachtungs-Alternative bietet die Kleinstadt Bishop an der Interstate 365. Sie liegt etwas tiefer. "Das ist jetzt wirklich der Wilde Westen", denke ich, als wir durch das Örtchen fahren. Die Kulisse im Owens Valley ist zu dieser Zeit ein Traum: Buntes Herbstlaub vor schneebedeckten Gebirgskulissen, riesige Rinderherden durchpflügen das braune Gras der Ebene, Cowboyland, wie es im Buche steht! Der Eingangsbereich des Campingplatzes gleicht einer kleinen Westernstadt, sogar den herben Girls hinterm Tresen des Shops fehlt die typische amerikanische Freundlichkeit. Weiter Richtung Süden, in Independence, einem noch kleineren Örtchen, dreht ein Cowboy mit Pferd vor dem Rodeo Stadion seine Runden und auf dem Highway 365 galoppieren die Rinder neben uns her, ein alter Sandweg zeugt noch vom alten Weg der Siedler vor 1900. Im Owens Valley wurden die Wildwest-Filme unserer Kindheit gedreht. Wir sind fasziniert von dieser Filmkulisse Amerikas und rühren uns nicht vom Fleck. Zwischen Bishop und Independence liegen nur ein paar Meilen. Dennoch verbringen wir einen ganzen Tag in dieser Gegend, um mehr über die Geschichte der Region zu erfahren. Zuerst verschlägt es uns ins Heimatmuseum von Independence, wo ein halbes Dutzend Ehrenamtliche Artefakte aus allen Zeitepochen sammeln und katalogisieren. Die Zeit steht still in dieser gottverlassenen Gegend. Dann fahren wir nach Manzana, ein ehemaliges Internierungslager für japanisch-stämmige Amerikaner, die hier nach dem Angriff der Japaner auf Pearl Habour festgehalten wurden. Die Ausstellung, der dazugehörige Film und das Gelände sind beeindruckend und erschütternd zugleich. In den USA wurden über die Kriegsjahre hinweg 120.000 Japaner in entlegene Gebiete deportiert und in 10 Konzentrationslagern so lange eingesperrt, bis die Gefahr, die angeblich von Ihnen ausging, gebannt war. Heute besuchen sehr viele japanische Touristen diesen seltsamen Ort der Erinnerung, obwohl viele Gebäude nicht mehr existieren. Insbesondere die Wohnbaracken wurden nach Auflösung des Lagers schnell dem Erdboden gleich gemacht. Nicht zu übersehen ist einer der 8 Wachtürme, Reste eines japanischen Gartens, der Friedhof und natürlich die "Town Hall", von den damaligen internierten Menschen errichtet, dort befindet sich eine didaktisch perfekt aufbereitete Ausstellung.

Der Turtle Creek Campground bei Lone Pine ist ein weiteres Camping-Kleinod für nur 8 Dollar die Nacht, gefunden über die ioverlander App. Campen mit Blick ins Owens Valley zu Füßen des Mt. Whitney, dem höchsten Berg in Kalifornien, ein Traum, auch wenn es bitterkalt ist. Am Abend sitzen wir um die Feuerstelle, grillen Marshmallows, blicken in den Sternenhimmel und hören die Koyoten heulen.

AM TIEFPUNKT ANGEKOMMEN, 18.-20.10.2018

Das Tal des Todes liegt einsam vor uns, trotzdem stoßen wir nach den ersten paar Meilen auf einen voll besetzten Parkplatz. Viele Menschen kraxeln mühevoll einen staubigen Berg hinauf, der Blicke in ein tief eingeschnittenes Tal freigibt, das aussieht, als wäre es durch einen Meteoriteneinschlag entstanden. Oben auf dem Hügel sitzen Männer auf Campingstühlen, ausgerüstet mit Funkgeräten und verspiegelten Sonnenbrillen, daneben flattert die amerikanische Flagge träge in der Hitze. Ihre technische Ausstattung, bestehend aus gewaltigen Foto- und Filmkameras, ist unablässig in den Himmel gerichtet. Plötzlich taucht aus dem Nichts ein Kampfjet auf und donnert auf unserer Höhe in die Schlucht, dabei dreht sich der Flieger einmal um die eigene Achse, der Pilot winkt und verschwindet in der tiefen Ebene des Death Valley. Das, was sich hier abspielt, würde ich "posing for veterans" nennen. Glücklich beseelt spähen die Männer in den Himmel und warten auf den nächsten Adrenalinschub. Nellis Airforce Base, gelegen am Rande des Death Valleys, nutzt die Wüste gerne zu Übungsflügen.

Dann fahren wir tiefer hinein in den Nationalpark. Wir sind früh dran und möchten mindestens eine Nacht bleiben, ohne vorab-Reservierung für den begehrten Campingplatz in Furnace Creek. Da es jetzt mit 25-30 Grad Celsius am Tag angenehm warm ist, nutzen viele Amerikaner den Park, um sich ein wenig "aufzuwärmen". Um 12.15 Uhr sind wir bereits am Campingplatz, finden einen angenehmen Schattenplatz und genießen die warmen Temperaturen, genauso wie alle anderen. Nach ausgiebiger Pause und Bearbeitung von Arbeitsblättern (Mika's Schul-Countdown läuft...), fahren wir zum Badwater Basin, dem absoluten Tiefpunkt unserer Reise, 86 m unter dem Meeresspiegel! Vorsichtshalber hat Mika seine Schwimmbrille eingepackt, aber es erwartet uns natürlich nur öde Salzwüste, eingebettet in ein spektakuläres Wüstengebirge, das ein bisschen an die Atacama-Wüste erinnert. Kurz vor Sonnenuntergang wandern wir noch in den Golden Canyon. Er ist berühmt für seine schönen, leuchtenden Felsformationen, aber wir sind zu spät dran, um das Farbenspiel bestmöglich zu erleben. Trotzdem sind wir berührt von der Stimmung, den Farben der Dämmerung und dem Erscheinen des kreisrunden Mondes am tiefblauen Himmel.

Angekommen am Zeltplatz gibt es noch einen Plausch mit Werner vom Platz nebenan. Er ist in Kalifornien / San José aufgewachsen und hat seine "Mutti" dabei. Er habe nie geheiratet, ist jetzt in Rente und tingelt mit Mutti durchs Land, so seine Worte. Mutti spricht perfekt Deutsch, denn sie ist in Heidelberg-Schriesheim aufgewachsen, was für ein Zufall! Wie klein die Welt doch ist. Am Morgen beschließen wir spontan beim Zabriskie-Aussichtspunkt zu frühstücken. Schnell noch einen Zettel mit Adressdaten hinter Werners Scheibe geklebt, dann geht es früh morgens los. Das Schöne einer Wohnmobilreise in den USA sind unbestreitbar die Flexibilität und die Abende am Lagerfeuer in der Wildnis. Ein Campingplatz ohne Picknicktisch und Feuerstelle ist für den Amerikaner schon fast eine Beleidigung. Am Zabriskie Point genießen wir die Stille, bevor ganze Reisebusse über das Tal herfallen. Dann verlassen wir den Park in Richtung Las Vegas, noch einmal shoppen, tanken und dann weiter Richtung Valley of Fire. Für unseren Einkauf bevorzugen wir eigentlich Walmart, denn der ist um einiges günstiger als andere amerikanische Ketten. Heute treffen wir jedoch auf ein Kleinod, dass uns zurück nach Mittel/Südamerika versetzt, El Super, ein Supermarkt, der zu 100% die spanisch-sprachige Bevölkerung von Las Vegas bedient. Er ist bestens ausgestattet und noch ein gutes Stück günstiger. Wir hatten uns sowieso schon gefragt, wie die mexikanischen Arbeitskräfte, die das ganze Land bedienen, sich die hohen Preise in den USA leisten können. Am Abend geht es schnell noch in den Lake Mead State Park, denn wir hoffen dort auf eine günstige Übernachtungsmöglichkeit in einem Ferienpark am See. Die Einrichtungen sind teilweise bewohnt, aber niemand möchte Geld von uns. Ohne viel Lärm geht es morgens früh um 8 Uhr gleich weiter zum vielsagenden Valley of Fire. Dieser älteste State Park der USA ist wegen seiner Nähe zu Las Vegas sehr beliebt. Heute, am Samstag, ist mit einem Besucherandrang wie im Yosemite Park zu rechnen. Als wir uns dem Kassenhäuschen des Parks nähern, ist keiner zum Kassieren da, der Park liegt leer und verschlafen vor uns. Die Ausblicke auf die feuerrot gefärbten Felsen in der

Morgensonne sind einfach unbeschreiblich. Einmal steht ein Dickhornschaf malerisch auf einem Felsen und beäugt die Umgebung. Ein anderes Mal blicken wir auf fantasievolle Felsformationen, teilweise mit 4000 Jahre alten Petroglyphen – man kann sich einfach nicht sattsehen! Gegen 12:30 Uhr hat sich der Park wirklich gefüllt, also verlassen wir die Region und fahren weiter zum Zion Nationalpark in Utah. Die letzten 2 Wochen der Reise sind den gewaltigen Canyons in Utah und Arizona gewidmet, das Valley of Fire ist bloß der Auftakt. Natürlich kommt schnell die Frage auf, was spektakulärer ist, Chile/Argentinien oder der Westen der USA? Ein Vergleich ist schwer, denn in Chile ist das Reisen noch viel mehr Abenteuer, der Tourismus ist oft kaum entwickelt und die Kultur nicht mit der amerikanischen vergleichbar. Viele Landschaftselemente ähneln sich zwar, wie das Death Valley und die Atacama Wüste, andererseits sind sie doch wieder ganz anders. Wir sind froh, beides erleben zu dürfen.

IMPASSIBLE WHEN WET, 21.-23.10.2018

Morgens, 6 Uhr, der Regen prasselt beständig auf das Autodach, es blitzt und donnert ununterbrochen. Wie sich das anhört, hatten wir fast vergessen. Ich meine mich an den letzten Regen in Costa Rica zu erinnern. Wir sind 30 Meilen vom Zion-Nationalpark entfernt. Gewaschen (die Kleider), geduscht (uns) und aufgefüllt (den Camper) stehen uns gute 3-4 Tage in der Einsamkeit zur Verfügung. Leider sind die Nationalpark-Campingplätze immer belegt und vergleichsweise teuer. Stattdessen haben wir die State Parks entdeckt, meist irgendwo vor den Toren der Parks, mit gut gepflegten Plumpsklos in herrlicher Natur – ohne Netzempfang, aber mit interessanten Begegnungen mit US-Amerikanern.

Als wir gegen 9 Uhr aufbrechen regnet es immer noch und die Aussicht auf die fantastischen Berge und Canyons ist nicht gerade gut. Laut Wettervorhersage soll es mittags aufklaren – was tun? Im Reiseführer lese ich von Grafton, einer kleinen Geisterstadt nahe Rockville, kurz vor den Toren zum Park. Rockville ist ein hübscher, beschaulicher Durchfahrtsort mit viel Grün und herbstlichem Gelb. Die Zufahrt nach Grafton, die dort irgendwo abzweigt, müssen wir mühsam suchen. Es geht über eine Behelfsbrücke, noch ein paar Kilometer mit herrlichen Blicken auf die roten Felsen und Canyons, dann wechselt der Straßenbelag von Asphalt in schlammige rote Erde. Danach folgt ein eindeutiges Schild "Impassible when wet!" Sogleich kommt uns ein PKW entgegen, wir fragen den Fahrer nach dem Straßenzustand. "Not with this vehicle", sind seine Worte – wir fahren trotzdem, denn so schlecht sieht es doch nicht aus. Nach 200 m fährt Jan rückwärts wieder zurück auf die Asphaltstraße. Es geht nicht, und wir haben es gerade noch rechtzeitig gemerkt. Der Entschluss steht bereits fest: Wir laufen. Die Gelegenheit ist günstig, es trocken bis in das Geisterdorf zu schaffen, ein schöner Spaziergang mit grandiosen Aussichten. In Grafton, dass 1862 gegründet wurde, spazieren wir zunächst über den kleinen Friedhof, auf dem erstaunlich viele Menschen, besonders Kinder, im Jahr 1866 verstorben sind. Außerdem gab es eine Familie, die von Indianern getötet wurde. Später lesen wir, dass es 1866 viele tragische Todesfälle unterschiedlicher Ursachen gab: Eine Diphterie-Epidemie, ein tragischer Schaukelunfall, der 2 Mädchen das Leben gekostet hat, und der erwähnte Indianerüberfall – ein Vergeltungsschlag der Navajo-Indianer, die im Vorfeld von den Mormonen überfallen und vertrieben wurden. Insgesamt gab es in diesem Jahr 13 Todesfälle in dem idyllischen Dorf, das aus nur 100 Einwohnern bestand. Das Schulhaus und die Kirche, sowie 3 Wohnhäuser sind noch gut erhalten oder wurden liebevoll restauriert. Man streift durch die Häuser fühlt sich wie im wilden Westen. Inzwischen strahlt die Sonne vom Himmel, wir blicken auf sattgrüne Wiesen und es scheint, es wäre das Paradies auf Erden. Obwohl die Häuser einen geräumigen Eindruck machen, müssen die Lebensumstände sehr hart gewesen sein. Auf dem Rückweg donnern amerikanische Familien in japanischen Limousinen an uns vorbei, es ist mal wieder Sonntag, Zeit für einen umfangreichen Familienausflug, der sich die meiste Zeit im Auto abspielt. Ein idealer Zeitpunkt, um die Grenze des Zion-Nationalparks zu passieren. Als erstes schauen wir mal beim Campingplatz vorbei – aber es ist wie immer "full". Also bleibt uns nur die Fahrt durch den Park, um Richtung Bryce einen schönen State Park zum Übernachten zu finden. Im Zion Nationalpark könnte man sehr gut wandern, jedoch sind bereits um 11 Uhr alle Parkplätze belegt. Von diesen werden Besucher in

Shuttle-Bussen tiefer in das Tal gefahren. Auch wenn man wie wir, den Park von Süd nach Ost nur durchquert, gibt es viele beeindruckende Aussichtspunkte und ab und zu tut sich auch mal eine Seitenbucht zum Parken und Fotografieren auf. Die Canyons im Zion sind unglaublich schön, insbesondere, weil gerade jetzt das grün-gelb-rote Herbstlaub in der Landschaft noch ein zusätzliches Highlight bietet. Und dann sperrt man den Tunnel für uns! Zwar kostet das 15 Dollar extra, aber wir passen nur mittig hindurch und können beim Passieren keinen Gegenverkehr brauchen. Der muss auf der anderen Seite warten, bis wir die 1,1 Meilen zurückgelegt haben. Bei der Ausfahrt aus dem Park In Richtung Osten hat man einen schönen Blick auf die nächste Attraktion, ein rot-weißes Felsmassiv, das wie mit einer Rasierklinge abgeschnitten am Horizont erscheint. Der State Park für heute Abend kostet uns zwar einen Umweg von 30 Meilen, ist aber hübsch gelegen in einem Gebiet, in dem es sogar Kondore geben soll. Etwas verwunderlich sind in dieser Region allerdings zwei Dinge: 1. auf dem Weg zum State Park zählen wir 6 tote Hirschkühe am Straßenrand, 2. alle Personen, ob in oder außerhalb ihrer Autos, tragen neonorangene Kleidung, mindestens aber eine orangene Schirmmütze. Da die Kombination beider Beobachtungen auf rege Jagdtätigkeiten hinweist, überlegen wir fieberhaft mit welchen grellen Klamotten wir uns denn kenntlich machen könnten (keinen). Mika wird verboten, so wie üblich, durchs Unterholz zu streifen und Feuerholz zu suchen. Als wir beim State Park einbiegen strahlt uns ein großes Plakat entgegen mit der Aufschrift "Hunting for Condors". Geht jetzt etwa ganz Amerika auf die Jagd, um besseres Aas für die seltene, gerade hier ausgewilderte Spezies zu erbeuten? Angekommen am idyllisch unter Kiefern gelegenen Campground finden wir einen weiteren Frührentner in orange und lüften das Geheimnis. Die Jagdsaison hat gerade begonnen und der Platz ist voll von jagdbesessenen Amerikanern, die selbst bei ungemütlichen Temperaturen im Kleinwagen nächtigen, damit sie endlich mal wieder ihre Waffensammlung ausprobieren können. Damit das auch ohne gesundheitsschädigende Wirkung für die Kondore ausgeht, werden an Informationsstellen Kugeln ohne Bleigehalt gratis ausgegeben. Nicht ohne Stolz erzählt unser neuer Nachbar, dass er auf diese Weise die Kondore schützt. Interessante Strategie, denke ich, und passend zur hier so typischen Lebensart. Man bekommt ständig das Gefühle vermittelt, die Parks gehören jedem US Bürger: "Your national recreation area managed by us!".

Während der Nacht donnern kleinere Hagelkörner auf unser Dach und es gewittert. Spät um halb 11 sind noch die letzten Jagdliebhaber heimgekehrt in ihre Zelte. Eigentlich müsste es lausig kalt sein in den aufgestellten Zelten, denn wir sind auf 2000 m Höhe, nur eine Fahrstunde vom nächsten Ziel, dem Bryce Canyon entfernt. Das schlechte Wetter zwingt uns zu diversen Stopps, ein Steinshop, wo Mika einen kleinen Meteoriten ersteht, ein Apfelstand am Wegesrand und eine Fish Hatchery (beim Gedanken an leckeren geräucherten Lachs läuft uns schon das Wasser im Munde zusammen), die wir aber tragischerweise nicht finden. Endlich angekommen sind zum ersten Mal Campingplätze für uns frei, und das im populären Bryce Canyon. Das Geheimnis: Es regnet in Strömen und ist lausig kalt, als wir uns dem Park-Eingang nähern. Das Schild "today poor visibility at all view points" schockt uns nicht, notfalls sitzen wir das im Innern des Parks aus. Außerdem haben wir gestern bereits erlebt, wie schnell sich das Wetter ändern kann. Endlich mal ein Stellplatz in Laufnähe zum sogenannten "Rim", dem Weg, der entlang des Canyonrands führt. Auf dem Sunset Campingplatz ist bis auf 2 Wohnwägen keine Menschenseele weit und breit zu sehen. Bei strömendem Regen sitzen wir im Camper, Mika macht Hausaufgaben und wir überlegen, um 15 Uhr zum Visitor Center zu fahren. Da ist es warm und vielleicht finden wir unverhofft ein freies WLAN-Netzwerk. Dann passiert das Wunder vom Vortag, gegen 14 Uhr erkenne ich ein paar Fetzen blauen Himmel, "Zwischenhoch!" und "auf gehts zum Rim", lautet die Parole. Nach nur 15 Minuten stehen wir staunend vor dem sagenhaften Ausblick auf den Bryce Canyon, auch Amphitheater genannt. Die Sonne strahlt vom Himmel auf die orange-roten Steintürmchen, die zu tausenden den Boden und die Hänge des Canyons bedecken, dazwischen stehen majestätische grüne Kiefern. Innerhalb von 30 Minuten füllt sich der groß dimensionierte Parkplatz mit Autos und Reisebussen. Menschen aus aller Welt strömen aus ihren Regenverstecken und spielen vor Freude verrückt (hervorzuheben sind da vor allem die chinesischen Besuchergruppen, deren Freude sich manchmal gefährlich nahe am Abgrund ihren Weg bahnt). Wir wandern den wieder mal überschaubaren Weg auf und ab, knipsen viele Fotos, kommen zum Sonnenuntergang nochmal wieder und planen eine Wanderung in den Canyon für den nächsten Tag. Am Abend kocht Jan Kartoffelsuppe asiatischer Art – wir sind immer noch quasi allein auf dem Campingplatz und erwarten die bitterkalte Nacht mit hoffentlich nur wenigen Minusgraden. Merino-Unterwäsche, Schlafsack und Decken aus dem Camper bringen uns gut durch die bisher kälteste Nacht unserer Reise. Ein paar wenige schlafen immer noch im Auto, darunter auch ein Mädchen aus Bayern, das wir gestern kennengelernt haben. Sie ist allein unterwegs, hat wenig Geld zum Reisen und spart, wo es geht. Als ich sie frage, wie sie das mit dem Kochen macht erwidert sie: "Bei mir gibt es nur Brotzeit, das Auto ist schon so teuer". Sie möchte bis März unterwegs sein und über den Yellowstone Nationalpark weiter bis nach Kanada – im Winter! Ich schwanke zwischen Besorgnis und Bewunderung. Ein bisschen Sorge bereitet uns die Reisegeschwindigkeit, denn eigentlich hatten wir geplant, bis zum Arches Nationalpark in Utah zu fahren. Da wir in 7 Tagen zwei Übernachtungen am Grand Canyon geplant haben, kurz vor der Rückkehr nach Las Vegas und dem Abflug, sitzen wir nun zu viert am Tisch und versuchen, eine realistische "Rückwärtsplanung". Wir alle wollen nicht so viel im Auto sitzen und unsere letzten Tage in den USA genießen. Schließlich fällt die Entscheidung für eine Abkürzung: vom Bryce Canyon über Boulder zum Capitol Reef und dann gen Süden Richtung Arizona. Dort warten noch das Monument Valley und einige schöne State Parks auf uns.

QUER DURCH UTAH, 23.-27.10.2018

6 Uhr morgens, es ist stockdunkel und ungefähr -2 Grad. Jan macht Kaffee, ausnahmsweise läuft die Gasheizung für einige Zeit. Der Sonnenaufgang naht, wir möchten gerne rechtzeitig am Sunrise-Point sein und von dort aus einige Meilen durch den Bryce Canyon laufen. Bei Morgendämmerung am Aussichtspunkt sind wir nicht allein. Horden von Hobby-Fotografen haben sich die besten Plätze gesichert und ihre Geräte auf die Stelle gerichtet, an der sich hoffentlich bald die wärmende Sonne über den Horizont schiebt und ihre hellen Lichtstrahlen auf die roten Hoodoos, so nennt man die

Steinsäulen im Park, wirft. Tragischerweise ist es immer noch ziemlich bewölkt. Als sich nach einer weiteren halben Stunde die Sonne unbemerkt hinter den Wolken weit in den Himmel schummelt, ist die Frustration der Anwesenden nicht mehr zu überbieten. Wir machen uns schnell auf den Weg in den Canyon hinein, so können wir die berühmten Hoodoos auch mal von unten bewundern und den fotosüchtigen Menschenmassen entfliehen. Es ist schön, in völliger Einsamkeit durch die bizarren Felsen zu spazieren. Langsam dämmert uns allerdings, dass noch ein mühevoller Aufstieg bevorsteht, zum Parkplatz, wo der Camper steht. Gegen 10 Uhr, der Tag ist noch jung, ist es dann schließlich geschafft. Erschöpft erreichen wir den Canyonrand, schauen nochmal beim Besucherzentrum vorbei und laden Bilder hoch, denn hier gibt es zu dieser Zeit noch exzellente WLAN-Verfügbarkeit. Dann geht es weiter auf der Interstate No. 12, von der unser digitaler Reiseführer meint, es wäre ein grober Fehler, wenn man diese Straße nicht nähme. Sie schlängelt sich vom Bryce Canyon ungefähr 120 Meilen durch einsame Landschaften bis nach Torrey, kurz vor den Toren des Capitol Reef Nationalparks. Nicht mehr als 3 kleine Siedlungen zählen wir auf der Strecke, ländlicher und einsamer geht es nicht mehr. Das Wetter beruhigt sich langsam, doch mir wird plötzlich klar, dass wir froh sein können, diese Straße überhaupt befahren zu können. Hier hat es kürzlich bereits kräftig geschneit, dann schien der Spätherbst noch einmal seine volle Kraft zu entfalten, so dass der Schnee gerade etwas abgetaut ist. Die Blicke in die verschiedenen Canyons sind atemberaubend: Roter Sandstein, dazu herbstlich gelb gefärbte Espen am Talboden – das wirkt fast schon ein bisschen kitschig. Eigentlich wollen wir in Boulder, ein kleines Nest auf der Strecke, campen. Aber es gibt keinen Campingplatz und der einzige State Park Platz, hochgelobt wegen eines beeindruckenden Wanderweges, ist schon wieder übervoll. In Boulder entdecken wir das interessante Anazasi Museum, das sehr ausführlich über die Anazasi-Indianer, die hier vor 800 Jahren gesiedelt haben, informiert. Dazu gehört auch eine Ausgrabungsstätte. Wie so oft kommen wir ins Gespräch mit einer Mitarbeiterin des Museums und fragen nach einer Campingmöglichkeit. Die gibt es erst bei Torrey, ca. 1,5 Autostunden entfernt. Als wir uns auf den Weg machen, wird schnell klar, warum die State Parks im weiteren Verlauf der Straße geschlossen sind. Sie liegen herrlich, allerdings einfach zu hoch. Bei diesen Witterungsbedingungen in 3200 m Höhe scheint selbst der hartgesottenste Camping-Liebhaber kein Bedürfnis mehr zu verspüren, in freier Natur zu nächtigen. Etwas außerhalb von Torrey gibt es würdigen Ersatz, ein herrlich gelegener Campingplatz mit grandiosem Ausblick. Am Morgen blicken wir auf schneebedeckte Berge bei der Pass-Straße, die wir am Vortag befahren haben. "Mir scheint, wir fahren dem nahenden Wintereinbruch immer wieder davon", meint Jan. Stimmt, denn im Capitol Reef Nationalpark ist bestes Wetter mit angenehmen Temperaturen, zumindest tagsüber. Leider ist der schöne Campingplatz in Fruita, direkt im Park gelegen, auch schon wieder restlos ausgebucht. Einerseits schade, andererseits haben wir gerade wieder "aufgetankt" und wären sowieso für die nächsten 3-4 Tage autark. Ein freundlicher Camping-Liebhaber verrät uns, wo man prima stehen kann, ohne dafür zu bezahlen. Das Capitol in Washington ist der Namensgeber des Nationalparks, denn er wird überragt von einem weißen Felsen, der in Form und Struktur an das gleichnamige Gebäude erinnert. Am beeindruckendsten aber ist die geologische und landschaftliche Vielfalt, die sich dem Besucher bietet. Alle Gesteinsschichten liegen offen vor dem Auge des Betrachters, das tiefeingeschnittene enge Tal wird von einem wasserreichen Fluss durchzogen. "Wann haben wir das letzte Mal das Geplätscher von Wasser gehört", fragen wir uns. Besonders schön sind wieder einmal die Bäume, deren Herbstlaub intensiv gelb leuchtet und einen besonderen Kontrast zur Umgebung bietet. Wir wandern zur Hickman-Bridge, eine imposante Steinbrücke, die durch Wasser und Winderosion entstanden ist. Außerdem gibt es noch sehr viele Foto-Motive entlang der Scenic-Road, die den Park erschließt.

Am nächsten Morgen schauen wir uns noch ein bisschen im Park um, dann geht es weiter in den Osten von Utah, nun doch noch zum Arches-Nationalpark. Ja, eigentlich wollten wir da nicht mehr hin, aber die 150 Meilen auf gerader Strecke führen durch tolle, menschenleere Landschaften, so einsam, dass wir mit Tempomat zügig und erholsam vorankommen. An der entscheidenden Kreuzung in Hanksville – 3 Schrottplätze, eine Tankstelle, eine Handvoll Mobile Homes – biegen wir links ab, die Entscheidung für die "große Runde" ist somit gefallen. Gegen Mittag erreichen wir Moab, ein 5000 Einwohner Städtchen, das sich ganz auf die 1 Millionen Besucher eingestellt hat, die die beiden Nationalparks in unmittelbarer Nähe pro Jahr besuchen. Noch relativ früh am Tage geht es direkt zum Dead Horse Point State Park, in der Hoffnung, noch einen Stellplatz für die Nacht zu ergattern. "Do you have a reservation?" fragt man uns bei der Einfahrt. "No, but we would like to camp insight the Park", ich erwarte schon wieder abgewiesen zu werden. 3 Plätze haben wir noch frei, ist die überraschende Antwort. Schnell hechten wir zum Besucherzentrum und checken ein, bevor es ein anderer tut. Von unserem Stellplatz aus kann man direkt an das sogenannte "Rim" wandern, bis vor zum Aussichtspunkt. Es ist unbeschreiblich, wie der Colorado River in 10-15 Millionen Jahren diese Landschaft hat entstehen lassen. Schwindelerregende Höhen begleiten unseren Weg, unter uns mäandriert der braune Fluss entlang der steil abfallenden, rot-braunen Canyon-Wände. Am Aussichtspunkt angekommen, sind wieder viele Touristen unterwegs. Wir fotografieren uns gegenseitig und kommen schnell in Kontakt. Alle wollen immer wissen, wo wir herkommen und viele kennen Deutschland, bzw. waren schon einmal da. Amerikaner lieben ihre Parks und werden nicht müde, uns mit Tipps zu versorgen. Immer wieder fällt auf, wieviel Rücksichtnahme auf Campingplätzen herrscht. Niemals ist es laut, niemals liegt irgendwo Müll herum und immer tragen Hundebesitzer (und fast jeder hat einen Hund) Plastiktüten mit sich herum, um die Hinterlassenschaften der lieben Vierbeiner zu entsorgen. Ich glaube das "Your State Park"-Konzept trägt Früchte, und frage mich, wie diese Liebe zur Natur und der Hang, penibel alles sauber zu halten, zusammenpasst mit der großzügigen Verschwendung von natürlichen Ressourcen, die in weiten Teilen des Landes zu beobachten ist. Nordamerika hat viele Gesichter, das ist nur eine Erkenntnis dieser Reise. Trotzdem sind wir alle restlos begeistert von diesem Land, der unbeschreiblich spektakulären Landschaften und der Offenheit der Menschen. Der Sonnenaufgang am Dead Horse Point belohnt uns für das frühe Aufstehen. Wieder sind viele Amateur-Fotografen mit teuren Kameras zugegen, aber diesmal sind es nur einige wenige. Langsam taucht die aufgehende Morgensonne den düsteren Canyon in warmes Licht. Wir genießen den Augenblick. Wohlwissend, dass es bereits um 10 Uhr schwierig werden kann, Parkplätze im nahegelegenen Arches Nationalpark zu ergattern, machen wir uns auf den Weg. Gegen 9:30 Uhr erreichen wir den Park und fahren 30 km bis ans Ende, mit dem taktischen Ziel, das „Feld von hinten aufzurollen" und so den Besuchermassen wenigstens teilweise zu entgehen. "Devils Garden" ist ein 11 km weites Wandergebiet, das an vielen den Park bezeichnenden Sandstein-Rundbögen vorbeiführt. Die Sonne strahlt heute besonders freundlich vom Himmel, alles sieht nach einer beständigen Schönwetterlage aus. Viele Freunde und Bekannte hatten im Vorfeld der Reise gerade von diesem Park geschwärmt, unsere Erwartungen sind also entsprechend hoch. Besonders beeindruckend sind aus meiner Sicht aber nicht die Steinbögen, sondern die vielen, rundgewaschenen Steinsäulen in der hügeligen Landschaft und das tolle Panorama vom Arches-Plateau auf die schneebedeckten Berge in der Ferne. Gute 4 Stunden laufen wir durch dieses faszinierende Gebiet, dabei geht es oftmals über schwindelerregend hohe Felsen. Am Nachmittag wird es auf manchen Steinpfaden schon richtig eng, denn immer mehr Besucher strömen in den Devils Garden. Natürlich gibt es noch mehr zu sehen, insbesondere den frei in der Landschaft stehende "Delicate Arch", das Wahrzeichen Utahs.

Abends, in der nahegelegenen Kleinstadt Moab, herrscht Touristenrummel pur. Zuviel für uns, daher fahren wir ungefähr 60 km gen Süden, in einen abgelegenen State Park. Wie gewohnt füllt man seinen Umschlag mit Dollars und sucht sich einen Platz aus. Es ist mal wieder ein ruhiger Schlafplatz in völliger Abgeschiedenheit und mit freundlichen amerikanischen Nachbarn. "Fahrt zu den Bear Ears, da ist es wunderschön", empfiehlt eine ältere, allein reisende Amerikanerin am nächsten Morgen. Ein Landschaftspark, der schwer zu finden sein soll, weil Trump ihr den naturlandschaftlichen Wert aberkannt hat – erfahren wir weiter. Ein weiteres Mal tritt ein, womit ich nicht gerechnet hatte: Eine Amerikanerin spricht von sich aus über Politik und macht keinen Hehl aus ihrer Meinung. Wir brechen auf zum Monument Valley, das im Navajo Gebiet liegt und nicht mehr in der Verwaltungshoheit des Nationalparkservice liegt. Man kennt das Monument Valley aus Western Filmen, John Wayne drehte hier bereits in den 30er Jahren. Auf dem Weg in den wilden Westen bietet sich ein kleiner Zwischenstopp beim Gooseneck State Park an, der den Blick in einen tief in die Landschaft eingeschnittenen Canyon freigibt. Unter uns schlängelt sich der San Juan River durch das dunkle Gestein. Unvermittelt tauchen die roten Sandsteinfelsen des Monument Valley in der flachen Wüstenlandschaft auf, ein fantastischer Anblick, der nur vom Touristenrummel zu toppen ist, der hier herrscht. Allein für den Zugang zum Visitor Center mit Aussichtsterrasse "John Wayne View" werden schon 20 Dollar fällig. Dort angekommen wird man ermuntert an einer der zahlreichen Touren auf der Panoramastrasse teilzunehmen, denn Campingfahrzeuge dürfen da nicht rein. Für schlappe 255 Dollar wollte man uns durch die Steintürmchen kutschieren. Viel zu teuer, wir weigern uns entschieden und scheinen den Verhandlungssinn der Navajo damit zu animieren. Am Ende hätten wir für 150 Dollar zugreifen können, denn es gab durchaus einen Spielraum, als klar wird, dass unser Budget begrenzt ist. Trotzdem, lieber wollen wir bei Page den Antelope Canyon besuchen, und auch das geht nur mit Navajo-Führer und kostet viel Geld. Einerseits ist es ganz ok, dass die Navajo Indianer hier ihren Dollar mit den Touristen verdienen, sie leben schließlich davon, andererseits hat man den Eindruck, dass der Bogen teilweise weit überspannt wird. Nirgendwo sonst haben wir so viel Kommerz erlebt, wie in diesem Gebiet – und irgendwie passt das nicht zu den Werten, die die indianisch-stämmige Bevölkerung ihren Gästen zu vermitteln versucht.

DIGITALES NOMADENTUM, 28.-29.10.2018

Beim Camping am Strand vom Lake Powell, ein künstlich aufgestauter See in der Wüste, lernen wir Ilse und Auke aus Holland kennen. Abends beim Lagerfeuer werden Reiserfahrungen ausgetauscht und über neue Lebenskonzepte philosophiert. Beide bezeichnen sich selbst als digitale Nomaden. Auke und Ilse sind fast 20 Jahre jünger als wir, unterwegs mit Kind Sophie (1) und irgendwie überall zu Hause. Sie leben von einer Erfahrung, die Ilse gemacht hat, als sie 25 Kilogramm abgenommen und dabei ihre eigene "Mindset Coaching Methode" entwickelt hat. Jetzt verkauft sie im Internet einen 8-wöchigen Standard-Kurs, der zu

Verhaltensänderungen anregen soll. Dazu viele Tipps, Empfehlungen, sowie ein Buch, indem sie alles weitergibt. 80 Dollar kostet der Kurs mit online Betreuung, die ganz einfach von irgendwo auf der Welt stattfindet. Auf Bali haben sie außerdem ein nettes Anwesen gefunden und ein AirBNB Business gestartet, das zweite Standbein. Am Reisen hindert das die beiden immer noch nicht, denn es gibt genug jobsuchende Menschen vor Ort, die sich um die Gäste kümmern. Vor 10 Jahren wäre das alles nicht möglich gewesen – fehlende Internetverfügbarkeit, kein AirBNB. "All we need is Wifi and ourselves", sagt Ilse. Wir denken, dass es schwierig wird, wenn Sophie älter wird, sagen es aber nicht. Grund unserer Reise hierher nach Page sind die faszinierenden Antelope Canyons. Auf dem Weg dorthin erlauben wir uns noch einen Stopp beim Navajo National Monument. Diesmal sind wir positiv überrascht über die freundliche Betreuung im Besucherzentrum und die anständigen Preise. Man kann zu einem Aussichtspunkt wandern, der den Blick freigibt auf ein gut erhaltenes Pueblodorf aus dem 13. Jahrhundert, das sich harmonisch in die ausgehöhlten Felsen des Canyons schmiegt. Zwei bestens erhaltene Siedlungen dieser Art gibt es hier, beide können aber nur mit speziellen Touren besucht werden. Leise flüsternd schlendern wir über den Pfad, denn es wurde ausdrücklich darum gebeten, die Ahnen nicht stören. Doch die Tage im Gebiet der Navajo haben ihre Grenzen, was digitale Lebenskonzepte angeht – auch für uns. Zum ersten Mal in meinem Leben betrete ich einen Burger King, und das aus zwei guten Gründen: 1. Es gibt dort Wifi und 2. Eine Ausstellung zur Geschichte eines "Code Talkers". Der Besitzer des Schnellrestaurants hat die interessante Sammlung in ungewöhnlichem Ambiente zusammengestellt, denn sein Vater war als einer der sogenannten Code Talker im 2. Weltkrieg aktiv, und hat seinem Sohn eine Kiste mit Andenken aus dieser Zeit vermacht. Die USA nutzten die unverständliche Sprache der Navajo zur Übermittlung von geheimen Botschaften. Auf diese Weise haben viele Native Americans dazu beigetragen, den Krieg gegen Japan zu gewinnen – und wir tragen dazu bei, den Umsatz des Burger Kings zu erhöhen!

Am nächsten Morgen schauen wir uns noch den gewaltigen Glen Canyon Staudamm an, dessen robuste Mauer den Lake Powell geschaffen hat und den Colorado River an dieser Stelle aufstaut. Die Ausmaße des Damms sind erstaunlich: Die 480 m lange und 220 m hohe Staumauer, sowie das 90 m breite Fundament umspannen die roten Felsen des Canyons in beeindruckender Weise. Daneben führt eine hübsche Stahlbrücke über die Schlucht. Wir schlafen in Utah, die Antelope Canyons aber liegen in Arizona, ein paar Meilen entfernt. Mehrfach überqueren wir die Staatsgrenze – jedes Mal muss man die Uhr entweder 1 Stunde vor-, oder 1 Stunde zurückgestellt werden. Ein Glück, dass wir es pünktlich um 11.15 Uhr an den Antelope Canyon schaffen. Dort erwartet uns ein perfekt organisiertes Touristenspektakel. Mit unserer Gruppe und einem jungen Navajo dürfen wir den berühmten Slot-Canyon (Schlitz-Canyon) betreten. Diese sehr enge Schlucht wurde allein von Wasser und Wind geschaffen. Die wellenförmigen, geschwungenen Wände, durch die das Sonnenlicht fällt, sind wunderschön. Unser Guide gibt wertvolle Fotohinweise und erzählt zwischendurch von der Kultur der Navajo. "It's only 20% of our way", wiederholt er mehrfach, wohlwissend, dass viele Touristen so viele Fotos machen, dass die Akkus der Kamera frühzeitig leer sein könnten. Nach einer Stunde ist der Spaß vorbei, und wir verlassen den Canyon fast an der gleichen Stelle wie beim Einstieg, ohne es gemerkt zu haben. Durch die verwinkelten Gänge wandernd, registriert man überhaupt nicht, in welche Richtung man geht - so verschlungen sind die Wege im Innern der Schlucht. Es ist noch früh am Tag, denn eine Stunde gab es – nun in Arizona - noch geschenkt. Also pilgern wir wie alle anderen Touristen zum Horseshoe Bend, eine tief in den Canyon eingeschnittene Schlaufe des Colorado Rivers, ähnlich dem Dead Horse Point in Utah - oder der Saarschleife. Am Aussichtspunkt angekommen ist wieder mal die ganze Welt versammelt. Ich mag mir nicht ausmalen, was hier in der Hochsaison los ist. Die Canyonwelt ist so schön, das möchte verständlicherweise jeder sehen! Nach einem ausgedehnten Einkaufs-Stopp im Walmart, geht es spontan weiter auf dem Highway 89 nach Süden. Etwa 15 Meilen hinter Page biegen wir rechts ab und fahren in den Marble Canyon. Die Sonne geht gerade unter und die Ausblicke nach hoch oben, zu den steilen Kliffs, sind berauschend. Die landschaftlich sehr reizvolle Strecke ist eine schöne

Überraschung, denn eigentlich sind wir nur auf der Suche nach einer Campingmöglichkeit, die wir dann bei Lee's Ferry auch finden. Es ist einer der letzten Tage, wir werden langsam wehmütig und würden so gerne noch länger bleiben. Am Abend entzünden wir ein weiteres Lagerfeuer, grillen Würstchen und Marshmallows, lauschen dem Rauschen des Colorado-Rivers und schauen verträumt in die Sterne. Ein Wetterwechsel steht bevor, aber noch ist es sternenklar und mild.

AM FARBIGEN FLUSS, 30.-31.10.2018

Im 19. Jahrhundert rumpelten Pferde- und erste Motorfuhrwerke durch den Marble Canyon. Die natürliche Hürde, um in den Süden von Arizona zu gelangen war der Colorado River, damals noch ein wilder Strom im Vergleich zu heute, wo der Fluss mehrfach aufgestaut und reguliert wird. Die Überfahrt mit Lee's Ferry war gefährlich und irgendwann kam es zu einem tragischen Unglück, bei dem ein erst 28 Jahre alter, 10-facher Familienvater und 2 weitere Männer ums Leben kamen. Ohne die Überquerung des Flusses jedoch, mussten die Siedler einen Umweg von 800 km in Kauf nehmen! Schließlich kam es 1929 zum Bau einer Brücke, später nannte man sie die "Navajo Bridge", denn sie begrenzt das Gebiet der Indianerreservate im Norden. Am Morgen des 30.10. spazieren wir über diese Brücke und sind überwältigt vom Blick nach unten auf die grünen Fluten des Flusses. Ich kann mir nicht erklären, warum der sonst so braune Fluss an dieser Stelle eine so intensiv grüne Farbe hat. Auf jeden Fall gefällt uns der Ausblick auf die steilen Canyon-Wände und die ausgewaschenen Felsen. Hinzu kommt ein ansprechendes Informationszentrum und unglaubliche Ruhe nach dem Touristenrummel am Antelope Canyon. Wir sind glücklich, die 50 km Umweg zum Lee's Ferry Campingplatz gefahren zu sein und die schöne Landschaft nebst historischer Stahlbrücke gleich zweimal genießen zu dürfen. Außerdem ist dies landschaftlich der Anfang des Grand Canyon, unser nächstes Ziel, Highlight und gleichzeitig letzter Nationalpark unserer Route in den USA.

Die Wettervorhersage verkündet ein Gewitter gegen Mittag, das dann auch wirklich über dem Canyon hängt, als wir uns der Osteinfahrt nähern. Trotz der schwarzen, unheilvollen Wolken nehmen wir den ersten Aussichtspunkt beim sogenannten "Watchtower" in Angriff und schaffen es gerade noch, einen ersten Blick in die gigantische Schlucht zu werfen. Ein kalter Wind kommt auf, jetzt noch schnell im Turm Schutz suchen und abwarten. Erfreulicherweise ist der Watchtower nicht nur Aussichtsturm, sondern gleichzeitig auch Shop und Rangerstation. Hier kann man herrlich ein Unwetter aussitzen! "Das Gewitter hat genau 28 Minuten gedauert", verkündet Mika schließlich mit stolzem Blick auf seine neue Digitaluhr und tatsächlich fallen schon wieder die ersten Sonnenstrahlen auf die steilen Canyon-Wände. Einer der Angestellten spricht uns an und fragt, ob wir nicht "Junior Ranger" werden möchten... "get the whole family in on the adventure!". "Klar", antworten wir – und haben ruckzuck umweltpädagogisch wertvolle Heftchen in der Hand, die von uns allen bearbeitet werden sollen. Außerdem steht noch ein Film über den Grand Canyon oder ein "Ranger Talk" zur Auswahl – erst dann werden wir offiziell zum Junior Ranger ernannt und erhalten die begehrten Anstecker, Urkunden und Aufnäher. Es gibt Rabe (0-5 Jahre), Koyote (6-10 Jahre) und Skorpion (11 und älter). Ein Spaß für die ganze Familie. Jetzt gilt es noch 4 weitere Aussichtspunkte anzusteuern, bevor die Sonne um 17:35 Uhr untergeht und wir den erfolgreich vorgebuchten Mather Campingplatz im Nationalpark erreichen. Trotz der empfindlich kalten Nacht, angesagt sind -2 Grad, ist der Platz vollgestellt mit Zelten. Einmal mehr bin ich froh, im warmen Camper sitzen zu dürfen. Allerdings müssen auch wir aufpassen, dass uns das Wassersystem nicht einfriert, denn das wäre ein teurer Spaß. Früh am nächsten Morgen sitzen wir zusammen und erfinden diverse Haikus, malen unsere eigenen Petroglyphen und lernen die verschiedenen geologischen Schichten des Parks. Die Sonne strahlt vom Himmel aber die Luft ist klirrend kalt, als wir uns auf den Weg zur Kante (genannt "Rim") mit Blick in den Canyon machen. Und tatsächlich ist der Grand Canyon Erdgeschichte zum Anfassen. Wandert man die Schlucht hinunter – was nur mit guter Kondition zu empfehlen ist – durchläuft man 1,8 Milliarden Jahre Erdgeschichte, so tief hat sich der Colorado River hier ins Gestein eingegraben. Sehr anschaulich wird das erklärt auf dem "Trail of Time", den wir nun bis zum Visitor Center immer am Rim entlangwandern – um dort zuerst den Film anzusehen und dann, ohne Witz, den Junior Ranger Eid zu schwören. Der Reihe nach nimmt sich eine junge, ihre Aufgabe sehr ernst nehmende Mitarbeiterin unsere Heftchen vor. Sie fragt genauestens nach unseren Erkenntnissen aus dem Film (one thing I have learned...), schaut sich die Ergebnisse an und dann wird es spannend. Hinter uns bildet sich bereits eine lange Schlange Schaulustiger, als wir die rechte Hand heben und mit ernsthafter Miene nachsprechen: "Ich verspreche, den Grand Canyon Nationalpark und alle Nationalparks zu schützen. Ich verspreche, meinen Freunden zu erzählen, was ich heute gelernt habe. Ich verspreche, immer draußen zu spielen." So, nun haben wir noch 4 Hefte, 4 Urkunden, sowie diverse Anstecker und Aufnäher mehr im Gepäck. Nach der Zeremonie fällt der Blick erschrocken auf die digitale Wetteranzeige: Heute Nacht -4 Grad am South Rim, der Winter hat uns kurz vor Ende der Reise doch noch eingeholt und bedroht das Wasser/Abwassersystem unseres Wohnmobils. Den westlichen Teil des Parks haben wir noch gar nicht gesehen, denn man erreicht ihn nur per Shuttlebus. Dieser bringt Besucher zu 9 verschiedenen Aussichtspunkten und dann wieder zurück ins sogenannte "Village" und zum Campingplatz. Die Busfahrt führt teilweise sehr nahe an der Canyonkante entlang, und der Wanderweg daneben ist in weiten Teilen nur für Menschen geeignet, die schwindelfrei sind. Als wir am Nachmittag von der Tour zurück sind, fällt die Entscheidung, unsere letzte Nacht auf dem Nationalpark-Campingplatz sausen zu lassen und in tiefergelegene, wärmere Gefilde zu flüchten. Das Risiko eines Gefrierschadens ist einfach zu hoch. Eigentlich wollte Mika im Canyon Halloween feiern, echt amerikanisch, mit Lagerfeuer und Trick or Treat. Doch bei Minusgraden spuken auch die Geister nicht mehr durch den Wald und ein Feuer wärmt sowieso nur die Füße. Problematisch wird es, als der von uns bevorzugte Zeltplatz, 100 km vor Las Vegas gelegen, mal wieder voll belegt ist. Zum Glück hatten wir vorher angerufen, so dass wir gar nicht erst hinfahren. Die Enttäuschung von Mika wird immer größer, denn um 18 Uhr ist es bereits dunkel, denn wir wissen nicht wohin, und die Wahrscheinlichkeit, um die Häuser zu ziehen und nach amerikanischem Vorbild Süßigkeiten zu erbeuten, geht gegen Null. Es bleibt uns nichts anderes übrig, als eine Bleibe in

Kingsman, nahe am Highway gelegen, zu suchen. Der erste Campingplatz ist ausgebucht, obwohl er wie ausgestorben wirkt. Man schickt uns weiter zu einem KOA-Platz, eine Campingplatzkette, die nicht ganz billig ist, für die wir aber zumindest eine Rabattkarte haben. Stadtcampingplätze sind ja nie so attraktiv, aber als wir in die richtige Straße einbiegen, erkennen Nele und Mika sofort die Vorzüge dieses Campingplatzes: Rechts und Links der Straße stehen Einfamilienhäuser, die teilweise liebevoll gruselig dekoriert sind. Es sind nicht viele, doch genug, um eine Stunde um die Häuser zu ziehen. Kaum angekommen, malt Nele Mika zwei fiese Narben auf die Wangen und sorgt auch sonst dafür, dass er echt fies aussieht. "I am a German alien" ertönt es jetzt an jeder Tür, die mehr oder weniger beleuchtet ist. Der Eimer ist schnell gefüllt mit Süßigkeiten, ich beobachte das Ganze von der Straße aus und überlege fieberhaft, wo und wie wir den Kram noch unterbringen können. Morgen geht es weiter nach Las Vegas, aufräumen und packen. Übermorgen früh, wenn wir den Camper abgeben, muss dann alles wieder in den Rucksäcken verstaut sein.

LEAVING LAS VEGAS, 1.-2.11.2018

Einen Tag lassen wir uns treiben in dieser Welt aus Lichtern, Glitzer und Glamour. "Ein riesiger Freizeitpark für Erwachsene", sind meine ersten Gedanken, als wir gegen 19 Uhr über den Strip von Las Vegas trudeln. Ich bin nicht begeistert von der Atmosphäre, so stelle ich mir den Ballermann 6 vor (obwohl ich nie da war). Überall stehen und laufen Menschen mit riesigen Plastikbechern gefüllt mit vielen künstlichen Farb- und Aromastoffen und Alkohol, keine Frage. Besonders fallen die wasserpfeifenartigen Flaschen auf, in der Mitte praktisch abgerundet, damit sie gut in der Hand liegen. Plötzlich sausen über uns Menschen kopfüber an Ziplines durch die Straße, ein heute eröffnetes Vergnügen für die, die den besonderen Kick lieben. Unter Ihnen reiht sich ein Fast Food Laden an den nächsten, dazwischen diverse Shops und knapp bekleidete Damen mit Federboas. Wenn man dann in eines der Hotels abbiegt, erwartet uns sogleich die Spielhölle mit ihren einarmigen Banditen in moderner Ausführung. Erstaunlicherweise darf hier geraucht und getrunken werden, was das Zeug hält. Durchlaufen dürfen auch Minderjährige unter 21 Jahre, aber hinschauen dürfen sie nicht, schon gar nicht, wenn die eigenen Eltern spielen. Wir haben 1 Dollar und den versuche ich einem Automaten anzudrehen. Die Mutter für ein paar Sekunden am Spielautomaten – das wird hier wohl gerade noch geduldet. Doch dann werden wir gebeten weitergehen durch die sündige Meile auf der Suche nach der Hotellobby, die sich irgendwo hinter dem Spieleparadies für Erwachsene verbirgt. Unser Campingplatz bietet einen Shuttleservice vom/zum Strip an. Auf dem Hinweg sind wir mal wieder "gelyftet", aber jetzt suchen wir den Abholpunkt. Vorher haben wir uns noch schnell die Fontänen beim Bellagio Hotel angeschaut, aber nach 3 Stunden Trubel reicht es wirklich. Wir sind müde von so viel Rummel, außerdem folgt am nächsten Morgen das Ausräumen und Abgeben des Campers. Das kostet Zeit und etwas Energie. Trotzdem müssen wir die Zeit bis zum Abflug totschlagen und dann lassen uns doch nochmal ins Zentrum von Las Vegas fahren. Bei Tag ist die Atmosphäre gemäßigter. Wir schauen uns das Cesar's, das Bellagio und das Wynn von innen an, aber mehr, als sich an kitschiger Inneneinrichtung zu ergötzen, oder shoppen und essen ist nicht drin. Um nicht 5 Stunden durch Hotels und Spielhöllen zu laufen, entscheiden wir uns schließlich für das Mittagsbuffet im Wynn. Für amerikanische Verhältnisse ist das Essen dort sehr preiswert und für uns nach 4 Wochen Campingküche eine kulinarische Abwechslung – hier können wir locker 3 Stunden verbringen. Nach einem kleinen Verdauungsspaziergang durch weitere Hotels, lassen wir uns zurück bringen zum Campingplatz und holen unser inzwischen mit Mitbringseln reichlich angewachsenes Gepäck ab. Der Flug nach Hause über London geht um 22 Uhr – Wir können es nicht glauben.

Las Vegas hat uns noch einmal die Kontraste aufgezeigt, auf die wir in diesem Land immer wieder gestoßen sind. Gegen die akribisch geschützte, herrliche Natur, die unglaublich offenen, freundlichen Menschen steht der der grenzenlose Konsum, ohne Rücksicht auf Verluste. "Don't you believe, we are all stupid?" fragt uns einer der wunderbaren Menschen, die uns in ihren Privatwagen durch die Städte kutschieren. Es folgt tiefes Bedauern über das Benehmen des US-amerikanischen Präsidenten. Den protzigen goldenen Trump-

Tower von Las Vegas im Blick, vermitteln wir glaubhaft, wie begeistert wir von dem Land und seinen Menschen sind. Endlich im Flieger freuen sich dann doch alle auf ein richtiges, weniger schillerndes zu Hause. So vieles haben wir vermisst: die Katze, unsere Freunde, die Omas, ein bequemes Bett. Trotzdem könnte ich noch 2 Wochen bleiben und wahrscheinlich würden wir in 2 Wochen wieder 2 Wochen bleiben...und immer so weiter. Doch Mika muss in die Schule, er braucht jetzt sicher seine Freunde, obwohl er sich nie beklagt hat. Zwei Geburtstage wollen noch nachgefeiert werden, und außerdem steht ja Weihnachten vor der Tür. Ein komischer Gedanke, wenn man gerade aus der Wüste Arizonas kommt. Wir sind sehr dankbar, so viel gemeinsame, intensive Zeit zusammen erlebt zu haben, und wie vor 4 Jahren gab es einige herausfordernden Momente, aber keine dramatischen Pannen. Nele und ich fangen an die nächsten Wochen zu planen und bereits im Flieger entsteht eine lange ToDo-Liste. Sie braucht dringend einen Job, möchte ihren Reiseblog professioneller aufbereiten, und ich soll am Dienstag gleich den ersten Workshop moderieren. Als Jan mich fragt: "Was machen wir denn nächste Woche?" realisiere ich erst, dass er im Gegensatz zu mir, noch 10 freie Monate vor sich hat. Erstmal in Ruhe ankommen, sind meine Gedanken. Das sollte uns doch gelingen!

Was werden wir an den USA vermissen?

Wirklich beeindruckt haben uns die unglaublichen Landschaften und deren Vielfältigkeit, aber auch die Freundlichkeit der Menschen, denen wir begegnet sind. Die USA ist ein Einwanderungsland und das ist überall spürbar. Mehrfach wurden wir auf unsere Herkunft angesprochen und fast immer kam dann ein Vor-Vorfahre aus Deutschland im Gespräch ans Tageslicht.

Im Joshua Tree NP

Kalifornische Küstenidylle

Glückskeks-Fabrikation in Chinatown, SF

Bodyforming für Alle

Love & Peace in Haight Ashbury

Yosemite Panorama

Im Wilden Westen

Indian Summer im Capitol Reef NP

Unendliche Weiten

Geschäftsmann beim Antelope Canyon

Blick vom Horseshoe Bend

VON DER SCHWIERIGKEIT ZURÜCKZUKOMMEN

Wir wären noch Ewigkeiten so weitergereist, denn es ist leicht über soziale Medien und dass Telefon in Kontakt zu bleiben. Sicher hätten wir Heimweh bekommen, wenn es z.b. unseren Müttern oder guten Freunden zu Hause schlecht gegangen wäre. Deshalb hatten wir vorsichtshalber eine Reiseabbruchversicherung abgeschlossen, die auch wirksam gewesen wäre, wenn ein naher Familienangehöriger zu Hause krank geworden wäre. In diesem Fall wären wir sofort zurückgeflogen.

Und dennoch, wenn man über lange Zeit hinweg nur aus dem Rucksack lebt, ist es schön, wieder etwas mehr Platz zu haben, der Ordnung ins Leben bringt. Auch das eigene Bett stand bei uns allen hoch im Kurs, und natürlich besonders unsere Familie, enge Freunde und unsere Katze – obwohl diese den Eindruck vermittelt hat, dass sie mit unserem Ersatzmenschen, einer Studentin, auch weiterhin prima zurechtgekommen wäre. Einmal wieder daheim ist alles schnell beim Alten, und manchmal kommen uns die Reisen nur noch wie ein schöner Traum vor. Wie nach der ersten Reise hatten wir uns vorgenommen, achtsamer mit uns selbst und unserer Umwelt umzugehen. Das klappte auch am Anfang ganz gut, im Laufe der Zeit mussten wir uns aber immer wieder an die guten Vorsätze erinnern.

Nach unserer Rückkehr hat uns der Überfluss in den Supermärkten herausgefordert, denn während der Reise gab es diese Auswahl meist nicht. Außerdem fiel es uns schwer, Verständnis zu haben für die allgemeine Unzufriedenheit und das nicht endende Gemecker, das man hierzulande oft zu hören bekommt. Heute, während der Corona-Pandemie, schaue ich auch in Deutschland auf leere Supermarktregale und kann gut nachvollziehen, dass das, was z.B. in Argentinien nichts Ungewöhnliches ist, die Menschen in Deutschland sehr beunruhigt.

VOM GUTEN SCHLUSS ZUM REISEBEGINN

Wir sind mit Sicherheit keine besonders abenteuerlustige oder mutige Familie, sondern eher der Durchschnitt. Auch wissen wir, dass es für viele Familien unmöglich ist, einfach so auszusteigen, weil der Job es nicht zulässt oder noch das Geld fehlt, oder wegen ganz anderer Gründe, die dagegensprechen. Uns hätte Vieles abhalten können, aber wir haben angefangen darüber nachzudenken, zu diskutieren, zu lesen – bis wir irgendwann nicht mehr zurückwollten. Es war ein Prozess, man muss einfach anfangen und sich ernsthaft darauf einlassen, wenn alle es wirklich möchten.

Im Grunde trifft das zu für jeden neuen Schritt im Leben: „Von einem gewissen Punkt an gibt es keine Rückkehr mehr. Dieser Punkt ist zu erreichen." Franz Kafka –